NIKI DEWART & ELIZABETH MARGLIN
Ilustrações de JENNY KOSTECKI-SHAW

O ORÁCULO SAGRADO DO
FEMININO SELVAGEM

Arquétipos do Sagrado Feminino para Ampliar os
Poderes Inatos da sua Deusa Interior

NIKI DEWART & ELIZABETH MARGLIN
Ilustrações de JENNY KOSTECKI-SHAW

O ORÁCULO SAGRADO DO FEMININO SELVAGEM

Arquétipos do Sagrado Feminino para Ampliar os
Poderes Inatos da sua Deusa Interior

Tradução
Martha Argel

Editora
Pensamento
SÃO PAULO

Título do original: *The Wild & Sacred Feminine Deck.*

Copyright © 2022 Niki Dewart & Elizabeth Marglin.

Ilustrações © 2022 Jonny Kostecki-Shaw.

Publicado mediante acordo com Shambhala Publications, Inc.

Copyright da edição brasileira © 2024 Editora Pensamento-Cultrix Ltda.

1ª edição 2024.

Todos os direitos reservados. Nenhuma parte deste livro pode ser reproduzida ou usada de qualquer forma ou por qualquer meio, eletrônico ou mecânico, inclusive fotocópias, gravações ou sistema de armazenamento em banco de dados, sem permissão por escrito, exceto nos casos de trechos curtos citados em resenhas críticas ou artigos de revista.

A Editora Pensamento não se responsabiliza por eventuais mudanças ocorridas nos endereços convencionais ou eletrônicos citados neste livro.

Editor: Adilson Silva Ramachandra
Gerente editorial: Roseli de S. Ferraz
Gerente de produção editorial: Indiara Faria Kayo
Preparação de originais: Miriam Santos
Capa e projeto gráfico: Marcos Fontes / Indie 6 – Produção Editorial
Ilustrações: Jenny Kostecki-Shaw
Revisão: Luciane H. Gomide

Dados Internacionais de Catalogação na Publicação (CIP)
(Câmara Brasileira do Livro, SP, Brasil)

Dewart, Niki
 O oráculo sagrado do feminino selvagem : arquétipos do sagrado feminino para ampliar os poderes inatos da sua deusa interior / Niki Dewart, Elizabeth Marglin ; ilustrações de Jenny Kostecki-Shaw ; tradução Martha Argel. -- São Paulo : Editora Pensamento, 2024.

 Título original : The wild & sacred feminine deck.
 ISBN 978-85-315-2366-3

 1. Esoterismo 2. Feminino 3. Oráculos 4. Sagrado feminino I. Marglin, Elizabeth. II. Kostecki-Shaw, Jenny. III. Título.

24-200108   CDD-133.14

Índices para catálogo sistemático:

1. Oráculos : Ocultismo   133.14
Eliane de Freitas Leita - Bibliotecária - CRB-8/8415

Direitos de tradução para o Brasil adquiridos com exclusividade pela
EDITORA PENSAMENTO-CULTRIX LTDA., que se reserva a
propriedade literária desta tradução.
Rua Dr. Mário Vicente, 368 – 04270-000 – São Paulo – SP – Fone: (11) 2066-9000
http://www.editorapensamento.com.br
E-mail: atendimento@editorapensamento.com.br
Foi feito o depósito legal.

A todas as mulheres – virgens, mães, rebeldes, sagradas, agentes de cura – que vieram antes de nós e a nossas filhas, que têm nas mãos o futuro: Afton, Jasmine, Story e Tulsi.

A nossos parceiros amados, aos filhos Haven, Jordan e Narayan, e a todos os homens que têm a coragem de aceitar o feminino em si mesmos e em toda a existência.

Ao Feminino Divino, que você possa ser visto e celebrado.

* * *

Pois eu sou a primeira e a última.
Eu sou a que é homenageada e a que é desprezada.
Eu sou a prostituta e a sagrada.
Eu sou a esposa e a virgem.
Eu sou a mãe e a filha [...]
Eu sou o conforto de minhas dores do parto [...]
Eu sou aquela que clama, e eu escuto.

DE "THE THUNDER, PERFECT MIND"

SUMÁRIO

Introdução **13**
Como usar este oráculo **23**
O Sagrado Feminino – Tiragens **28**

O Feminino Selvagem **43**
A Borboleta **45**
O Cervo **49**
O Golfinho **53**
O Cavalo **57**
O Beija-flor **61**

A Leoa	**65**
A Coruja	**69**
O Corvo	**73**
A Serpente	**77**
O Cisne	**81**
A Tartaruga	**85**
A Baleia	**89**
A Loba	**93**

O Feminino Elemental **97**

A Caverna	**99**
O Deserto	**103**
O Lótus	**107**
A Lua	**111**
A Montanha	**115**
O Oceano	**119**
A Pérola	**123**
O Arco-íris	**127**
O Rio	**131**
A Fumaça	**135**

A Estrela **139**
O Limiar **143**
A Árvore da Vida **147**

O Feminino Arquetípico **151**
A *Bodhisattva* **153**
A Anciã **157**
A Curandeira **161**
A Amante **165**
A Donzela **169**
A Mãe **173**
A Musa **177**
A Mística **181**
A Sacerdotisa **185**
A Rainha **189**
A Rebelde **193**
A Metamorfa **197**
A Viajante **201**

O Feminino Divino **205**

Amaterasu **207**
Ártemis **211**
Brígida **215**
Hathor **219**
Inanna **223**
Ixchel **227**
Kali Ma **231**
Kuan Yin **235**
Lakshmi **239**
Oxum **243**
Nossa Senhora de Guadalupe **247**
Pachamama **251**
A Mulher Bezerro do Búfalo Branco **255**

Notas **258**
Leituras adicionais **266**
Agradecimentos **270**

INTRODUÇÃO

Enquanto este oráculo vinha à luz através de nós, passamos muito tempo contemplando e conjurando o sagrado feminino. A princípio, o sagrado feminino se mostrou a nós como algo a que não conseguíamos dar um nome, mas que era inegável. Então, ele chegou, fazendo-se presente como a noite escura e a manhã luminosa, a plenitude de nossos seios, a terra cálida sob nossos pés, a destreza carinhosa de nossas mãos. A voz dele ecoou com coragem e timbre, tristeza e melodia, silêncio e sacralidade. Escutamos enquanto ele proclamou, "Eu sou o bastante!" e estabeleceu seus limites com "Basta, só até aí". A presença do sagrado feminino era sentida na solitude, na intimidade, na coragem, na compaixão, na admiração, na resiliência e na graça, e ele se aproximou mais e mais a cada dia, enquanto nos curvávamos ante sua capacidade de tudo conter, de penetrar em tudo e de nada excluir de seu coração.

Ao ouvir a palavra *feminino*, talvez você pense imediatamente em gênero. Entretanto, o sagrado feminino não diz respeito a gênero; ele representa uma energia selvagem e sagrada que dá vida a nosso mundo e circula através de tudo o que é vivo. Cada um de nós contém os aspectos masculino (consciência) e feminino (criação) do ser. O sagrado feminino diz respeito à face da divindade que está relacionada ao corpo, à alma, à natureza e aos ciclos de criação e transformação. Ele existe por todo lado, em cada cultura e tradição espiritual ao redor do mundo, em templos e rituais, através da paisagem e em cada ser vivo.

Nos primórdios das religiões judaico-cristãs, porém, uma cisão radical entre espírito e natureza emergiu, semeando a dualidade em que antes existia a totalidade. Luz e escuridão se tornaram opostas, assim como mente e corpo, o bem e o mal. Na cultura ocidental, o sagrado feminino passou à clandestinidade. Assim, a atual necessidade de trazer de volta a natureza divina do feminino não é apenas uma aspiração, ela é também reparadora. Por quê? Honrar o feminino é honrar toda a vida, e enxergar o sagrado naquilo que é comum. É o feminino que faz o casamento do espírito com a matéria, infundindo o mundo com uma coerência vital. Na abundância da multiplicidade do sagrado feminino, as ações da vida diária tornam-se reveladoras. Apenas através de seu resgate pleno é que o mundo pode ser cantado em toda sua vitalidade.

O Feminino Divino, que por tempo demais viu-se obrigado a permanecer escondido, uma vez mais está aflorando e vindo à luz. E, por meio dele, a sensação de que algo está faltando pode ser dissipada. Essa essência feminina sagrada é, e sempre foi, a primeira e a última, a que é homenageada e a que é desprezada, a prostituta e a sagrada, a oculta e a revelada. Ela nunca é uma única coisa, mas envolve tudo que existe. Abominando a monotonia, ela vive na forma de um turbilhão de contradições geradoras. Ela vem a seu encontro de inúmeras formas – através de seu corpo, de seu coração, do mundo sensual, da linguagem e da escuta daquilo que está além das palavras. Você acolhe a plenitude da natureza santificada do Feminino Divino? Você se reconhece na grandeza rebelde dele? Seu próprio potencial está refletido nas muitas faces do Feminino Divino. Neste oráculo, convidamos você a saudar todas essas faces e a permitir que a sabedoria feminina de todas elas combinada transporte você para as partes mais verdadeiras e selvagens de si mesma.

A partir do belo caos em que todas as coisas são possíveis, nasceu *O Oráculo Sagrado do Feminino Selvagem*, para invocar o sagrado feminino – aquela manifestação encarnada do divino que dá a vida e a tudo dá forma como um receptáculo para o sagrado. Embora seja sempre extraordinário, nem sempre o sagrado feminino é belo. O feminino cria e destrói, adapta e aceita, sutura e divide. Estas cartas apresentam o feminino em seus muitos aspectos, ao trazer o animal como parente, a natureza como lar, o arquétipo como modelo e a divindade como aliada. Tais oráculos de sabedoria feminina – que chegaram até nós a partir de mananciais profundos, como a medicina dos animais dos nativos americanos, os *Upanishads* hindus, o budismo tântrico, os arquétipos junguianos, o mundo natural e mais uma imensidão de mitos – estão organizados em quatro conjuntos: o Feminino Selvagem, o Feminino Elemental, o Feminino Arquetípico e o Feminino Divino. Por meio da arte atraente e das interpretações provocadoras das cartas, o feminino aparece, ágil e numinoso, para iluminar todo o espectro da existência.

Mergulhando nesse coro de vozes oraculares, descobrimos que o feminino se recusa a ser polarizado em oposição ao masculino, ou a encaixar-se mansamente em qualquer definição rígida. Em vez de ou/ou, ela grita *mais, mais, mais*, contendo alegremente a multiplicidade. Como diz Anne Baring, autora pioneira e paladina da Grande Mãe, "a palavra 'Feminino' expressa a Alma e a teia cósmica invisível da vida que conecta cada um de nós a todos os demais, à vida do planeta e à vida maior do cosmos". A Grande Mãe é imensa e incomensurável, o mais antigo símbolo do feminino, invocando o abraço invisível da alma e a inteligência instintiva que a guia. O caminho do Feminino Divino é um caminho de infinita variedade, grande ternura e benevolente perdão. Conduzir com amor é seu conselho. Seja você quem for, o Feminino Divino pede que abra o coração e dê ouvidos a sua experiência de imanência – como é estar aqui e agora em meio aos milagres e à desordem. Toda vida é sagrada, e todo corpo pode se abrir para receber o Feminino Divino. Ele vive dentro de você como direito de nascença, por meio do útero. E assim este oráculo é destinado a qualquer pessoa que deseje explorar o feminino como um canal de generosa energia que perpassa todas as coisas. Uma vez que você mergulha no feminino, ele abre portas para mundos interiores e exteriores mais pujantes.

À medida que se envolve cada vez mais com o mundo, você anseia por uma orientação digna de confiança? Seja na incerteza da confusão, nas profundezas do desespero ou nas alturas do êxtase, se você cuida com devoção de seu trabalho interior, guias desconhecidos virão em sua busca, da mesma maneira que você está em busca deles. O Feminino Divino a ampara. Encare este oráculo como um *anam kara*, termo celta que significa "amigo da alma". Esteja você onde estiver em sua jornada, estas 52 cartas falam através de arquétipos e símbolos universais, ressoando com seu saber inato, revigorando seu potencial emergente e revelando qualquer ponto cego que possa atrapalhar seu crescimento.

Conhecer o feminino significa acolher toda sua gama de permutações e compreender que ele tem uma natureza essencial que nunca é estática, sempre aberta ao novo. Cada carta reflete um aspecto do sagrado feminino, um limiar a cruzar, uma forma de integrar aquilo que fomos com o "ainda não" que podemos nos tornar. Assim, estes 52 oráculos dialogam com o envolvimento que existe entre você e o invisível, aquelas forças amistosas que fazem a essência transformar-se em presença. Você está sendo convidada a receber essas mensagens como recados vindos da fonte da criação, a escutar quando elas falam com você – e através de você. Dessa forma, você pode conduzir a permanente conversa que mantém com sua vida e com seu horizonte seguinte, em um contexto mais amplo, mais luminoso. Este oráculo está baseado na reciprocidade: o reconhecimento de que o sagrado vive dentro de você e você vive dentro do sagrado.

É nesse espírito que nasceram estas cartas. Quando a Shambhala Publications nos pediu que criássemos este baralho como uma versão mais ampla do *The Mother's Wisdom Deck* que nós três criamos dez anos atrás, nos sentimos realmente honradas. Estava claro, porém, que o melhor que poderíamos oferecer seria estar a serviço de algo maior que nós mesmas, ficar fora do caminho, permitindo-nos atuar como canais para quem quer que estivesse falando conosco e através de nós. A primeira coisa que fizemos foi enviar uma prece ao Feminino Divino, pedindo-lhe que se mostrasse.

E ele se mostrou, por meio de sincronicidades, de novas percepções e de uma avalanche de expressões femininas. O Feminino Divino estava por toda parte. Experimentamos diversas "peles" da alma, para descobrir quais queríamos usar neste círculo sagrado. Às vezes, ficávamos surpresas com quem aparecia e quem ficava para trás. Queríamos que o oráculo fosse relevante e acessível, que evocasse o mistério incognoscível, mas que não fosse obscuro. Queríamos destacar uma ampla gama de culturas e ter um apelo universal. Por fim, cada carta emergiu como um atributo feminino e seu mensageiro numinoso. Juntas, elas representam um contínuo de experiências humanas que aparecem através do tempo e das culturas. Como símbolos, as cartas têm o poder de falar diretamente à alma. Como não queríamos enfatizar demais alguma determinada vertente do feminino em detrimento de outra, acolhemos uma constelação que inclui vertentes familiares e outras menos conhecidas. Dito isso, estamos cientes de que, como ocorre com todo mundo, nossa escuta cuidadosa foi modulada por nosso tempo e lugar neste mundo. Se o feminino nos ensinou alguma coisa, é que sempre há lugar para mais – mais formatos, mais cores, mais amor.

Quando começamos a escrever e pintar, optamos pela criação conjunta. Uma intensa colaboração, incrível em sua insistência, fez-se presente de uma maneira que era coletivamente energizante. A arte de Jenny nos ajudou a incorporar o feminino, e as palavras que estavam sendo escritas a inspiraram a vislumbrar outros mundos. Durante a criação deste baralho, nós pensamos muito a respeito das mulheres que nos inspiram. Nos voltamos para o interior e para o exterior, para incorporar uma gama mais ampla de vozes femininas. Exploramos um vasto manancial de sabedoria feminina, através de uma pesquisa extensiva e de entrevistas pessoais com incontáveis irmãs. Jenny convidou mulheres de origens diversas para servirem como modelos para as pinturas. Por fim, escolhemos para cada carta uma citação que dissesse respeito a experiências que vão além de nossa própria experiência, incluindo vozes de indivíduos cuja arte e sabedoria transcendem o gênero para dar corpo ao feminino.

É claro que este baralho não constitui uma compilação completa. Mas estamos apaixonadas pelo processo de transmitir as verdades que chegam a todo instante, às vezes com facilidade, outras vezes só depois de uma sequência de estrondosos fracassos. Juntas, descobrimos uma nova relação com o feminino, uma relação que é menos mente, e mais corpo e coração. Nós confiamos no que está fluindo, em conformidade com a convicção de que o feminino seja representado com amor e ardor, texturas e camadas, claro e escuro. Desejamos fervorosamente que, à medida que sua relação com este oráculo evolui e se consolida, você preencha quaisquer lacunas e traga profundidade, nuance e sua própria história para aprofundar seu significado. À medida que suas associações mudam, este oráculo foi feito para acomodar tais mudanças. Estas cartas podem passar por uma metamorfose para se adaptarem a sua paisagem interior, assumindo o tamanho certo para o formato de seu reinado.

Cada uma de nós deve ter – e em última análise personificar – uma visão do sagrado. Mas primeiro precisamos sonhar o feminino que está vivo dentro de nós, para termos um repositório de imagens a serem usadas como referência. Somente então podemos estabelecer uma relação com ele. Esta etapa exige um profundo comprometimento com sua intuição. Faça um voto de não abandonar a si mesma nem de renunciar àquilo que você sabe bem lá no fundo, ser verdadeiro. Como diz Clarissa Pinkola Estés, o princípio ético deste caminho transforma o passivo "o que será, será" no engajado "deixe-me ver tudo que há para ver". A intuição se atrofia com a falta de uso. Quando você a usa, a trajetória de sua vida se torna mais consciente. Na parceria com o divino, você pode moldar sua realidade da mesma forma como é moldada por ela. Este oráculo é uma ferramenta para integrar todos os aspectos diversos e selvagens do sagrado feminino que estão dentro de você. Você cria a visão sonhando-a, você cria o caminho percorrendo-o.

Como usar este oráculo

Através dos tempos, os oráculos têm servido como portais de adivinhação para quem busca inspiração vinda do divino. A natureza perene do médium resulta de sua potência e sua acessibilidade combinadas. Prestando tributo à linhagem da sabedoria oracular, este oráculo recorre a sua natureza essencial para oferecer sábios conselhos, visões proféticas e inspiração diária. Você será chamada a tirar cartas por diferentes motivos e em diferentes situações. Poderá buscar reconforto, outras vezes, conselhos, e outras vezes ainda pode querer lançar luz sobre mistérios do cotidiano, sejam eles miraculosos, sejam mundanos. Como o Tarô ou o I Ching, você pode utilizar este baralho em uma consulta divina sobre alguma situação premente, usando uma tiragem de cartas especial como mapa para orientar seu sexto sentido e abrir caminho para diante. Ou pode simplesmente abrir este livro ou tirar uma carta ao acaso e ver que relação isso tem com você no momento.

Por onde começar

Para desenvolver sua relação com o sagrado feminino dentro do oráculo *e* dentro de você, comece com a leitura de uma carta, todos os dias ou semanalmente. Comece centrando-se com uma breve meditação ou acendendo uma vela. Faça alguns ciclos de respiração sem qualquer pressa. Honre a calma interior. A seguir, embaralhe as cartas enquanto pede por orientação – faça uma pergunta, reflita sobre um problema ou simplesmente mantenha a intenção de servir ao bem maior, em parceria com o Feminino Divino. Para isso, o simples pedido "mostre-me o que preciso saber neste exato momento" será suficiente. Coloque o baralho virado para baixo e abra as cartas em leque à sua frente. Suavize seu olhar ou feche os olhos, e então permita que o coração e a mão guiem sua escolha.

Em silêncio, deixe que a carta escolhida lhe fale. Que palavras ou imagens lhe vêm à mente? Que pensamentos e sentimentos a ilustração inspira? Qual sua relação pessoal com o arquétipo feminino em questão? Quando estiver pronta, volte para este manual para dar continuidade às ponderações. Leia as reflexões fornecidas, tendo em mente que elas não têm como intuito instruir, mas conectar você com seu saber mais profundo. Ouça a mensagem do oráculo com mente aberta e coração bem-disposto. Em seu diário, faça anotações à medida que surgem pensamentos inesperados, sensações, fantasias e emoções, representando a voz da sabedoria. Reflita sobre as ideias apesentadas e perspectivas enquanto lida com seus próprios *insights*. Você pode se sentir reconfortada, você pode sentir ter despertado, você pode sentir resistência. Tenha curiosidade por aquilo que surge. Deixe que os lampejos de uma nova compreensão penetrem em sua experiência.

Haverá cartas que a farão se sentir à vontade, que reafirmarão suas forças, e cartas que a deixarão desconfortável, que trarão à tona material que você preferiria reprimir ou negar. Convidamos você tanto ao conforto quanto ao desconforto, pedindo-lhe que faça o máximo possível entre tais limites. Em vez de negar o claro-escuro de sua humanidade, este baralho incentiva você a examinar a sombra mencionada em cada carta, da mesma forma que examina a luz. Quando explorada junto com o atributo principal da carta, a sombra serve como um convite para uma autorreflexão honesta. Quando relegada ao indesejável, a sombra pode sabotar seus dons. É melhor procurar a beleza na fera, reconhecendo que você não é nem inteiramente luz nem inteiramente escuridão, mas tons de cinza fascinantes e cheios de nuances. Volte-se para a sombra para transformar áreas complicadas de sua vida ou para descobrir, no jogo do consciente e do inconsciente, aspectos ocultos de si mesma que podem revelá-la em sua totalidade.

Você também pode observar se existe uma preponderância de algum conjunto de cartas. Por exemplo, tirar muitas cartas do Feminino Elemental pode indicar uma necessidade de fortalecer sua conexão com a natureza. A presença de vários aliados Femininos Selvagens em uma tiragem pode ser um pedido de que você preste mais atenção a encontros casuais com animais que atuam como totens ou protetores. Diversas cartas do Feminino Arquetípico podem significar uma sugestão para sondar as profundidades do inconsciente coletivo em busca de um *insight* sobre sua psique. Por fim, um panteão formado por muitas cartas do Feminino Divino pode sugerir que você passe mais tempo reverenciando a deusa interior.

Receba a sabedoria do oráculo com espírito apreciativo. Seja por acaso, por sincronicidade ou por orientação divina, tenha fé de que você escolherá a carta certa no momento certo. Tenha confiança em sua interpretação do significado da carta; não será nem mais nem menos do que os planos que o oráculo tem para você neste momento. Você pode escolher tirar uma carta por dia, como parte de seu ritual de todas as manhãs, ou pode perceber que uma única leitura lhe dará o suficiente para ruminar durante meses. Siga seus instintos; você saberá quando precisar consultar de novo o oráculo.

À medida que adquirir mais intimidade com este concílio de sabedoria feminina, talvez perceba que você dá vida a cada carta por meio de sua própria presença engajada. Em tempos de harmonia ou de dificuldades, você vai chamar o arquétipo mais apto a orientar seu crescimento. Então, enquanto trabalha com seus desafios e oportunidades, a energia sagrada que aquele arquétipo feminino detém começará a fomentar as possibilidades e transformar a situação. À medida que a medicina que cada carta oferece integra-se ao desenrolar de sua vida, confie no apoio invisível que guia você, primeiro para o interior e em seguida para diante.

O Sagrado Feminino
- Tiragens -

As tiragens de cartas desta seção apresentam cinco diferentes caminhos para a autorreflexão e a adivinhação. Desde a simples Tiragem Diária Selvagem & Sagrada à elaborada Tiragem Águas Tranquilas, essas disposições de cartas foram concebidas especificamente para envolver você em uma conversa mais profunda com o sagrado feminino interior. Sente-se com seu diário ou com uma irmã de alma. Leia as descrições de cada tiragem para identificar qual delas parece ser mais apropriada no momento. Tendo uma intenção ou pergunta no coração, embaralhe as cartas e abra-as em leque à sua frente, voltadas para baixo. Enquanto tira uma carta para cada posição da leitura, medite sobre o propósito específico de cada uma. Arrume as cartas selecionadas de acordo com a disposição escolhida, vire-as uma de cada vez e mergulhe na leitura.

Bem-vinda à matriz. Embora cada carta por si só seja uma mensageira do sagrado feminino, a posição da uma dentro da tiragem e sua relação com o todo vão aprimorar sua interpretação.

TIRAGEM DIÁRIA SELVAGEM & SAGRADA

Esta tiragem de duas cartas expande a leitura de uma carta para servir como um espelho diário simples, mas poderoso, de sua relação com o sagrado feminino. Ler uma carta que reflete seu feminino desperto juntamente com uma carta que espelha seu potencial não realizado é algo que empodera você em seu caminho, enquanto impele você a seguir em frente rumo a uma maior plenitude do ser.

Escolha a carta Sagrada (1) com a mão esquerda (o lado receptivo) e a carta Selvagem (2) com a mão direita (o lado perceptivo).

Antes de olhar as cartas, segure cada carta em uma das mãos, coloque-as juntas diante de si e visualize sua própria totalidade. Então vire as cartas para intuir as mensagens que transmitem. A carta Sagrada (1) se refere a quão fortemente o sagrado feminino está representado em você no momento. Essa carta chama a atenção para uma essência centrada na alma que é bem desenvolvida e influente. A carta Selvagem (2) representa algo que você talvez precise abordar ou desvendar para poder assumir mais plenamente os dons de seu sagrado feminino. Tenha em mente o seguinte enquanto realiza a leitura de cartas: O que você precisa saber neste momento? Que forças estão sendo apresentadas? Que impedimentos as cartas revelam? Em que aspectos as cartas lhe dizem que você deve crescer? Como as duas cartas conversam uma com a outra?

Tiragem da Avó Lua

Esta tiragem tem o intuito de ajudar você a acessar a sabedoria da Avó Lua. Ela rege as marés e pode oferecer uma visão do fluxo e refluxo de sua vida. Escolha esta disposição de cartas quando estiver passando por transições.

A carta da Lua Minguante (1) representa a energia que está desvanecendo em sua vida. Ela pode ajudar você a reconhecer o que precisa deixar para trás, em preparação para um novo devir. Permita que o oráculo da Lua Minguante inspire rituais, visualizações ou outras práticas para deixar ir aquilo que não serve mais.

A carta da Lua Nova (2) revela como estar no Mistério, detendo a energia do vazio e do potencial não manifestado. Procure compreender como você pode se renovar durante esse período de vazio: seria por meio de descanso, retiro ou reconciliação? Ao ler esta carta, pergunte a si mesma se há algo que você precisa resgatar a partir dos reinos do inconsciente para dar suporte a esta transição.

A carta da Lua Crescente (3) conversa com a lasca de luz que aos poucos emerge da escuridão. Analise-a para compreender o que está despertando dentro de si e como você pode encorajar o surgimento e o crescimento desse algo que brota. Deixe que o oráculo dê origem a esta fase criativa de autorrealização.

A carta da Lua Cheia (4) revela a mais elevada expressão de seu potencial florescente ou de seu propósito. Olhe para essa carta para compreender como você pode contribuir com seu dom para o mundo à sua volta. Você também pode usar a carta da Lua Cheia para identificar quaisquer nuvens que ocultam essa radiante face do ser.

TIRAGEM DO CAMINHO DA SABEDORIA

Esta disposição de cartas é útil quando você está em uma bifurcação de seu caminho. Ela vai ajudá-la a perceber como chegou a essa divisão, entendendo ambos os lados do problema em questão, e a vislumbrar o caminho para uma solução.

A carta da Raiz (1) vai à raiz do problema. Permita que ela ajude você a compreender sua relação com a situação atual, e quais influências do passado resultaram em sua presente incerteza.

Esta carta também pode ajudar na identificação de algo que possa estar impedindo você de enxergar com clareza a situação, e quais recursos interiores você deve utilizar para seguir adiante com graça.

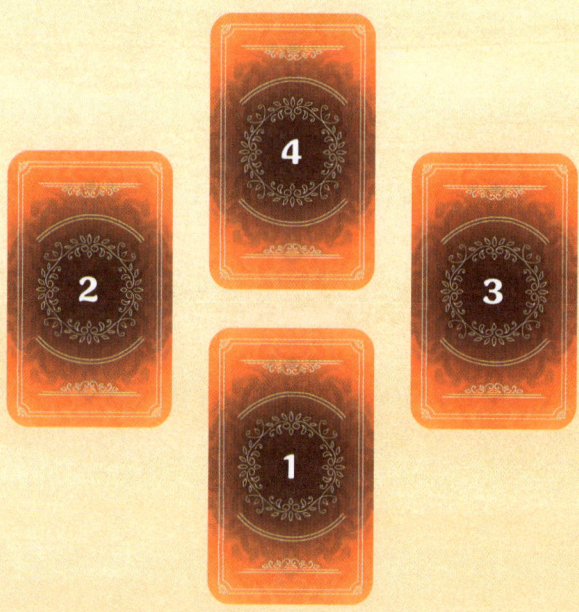

Escolha duas cartas dos Ramos (2, 3) para denotar os interesses concorrentes entre os quais você mantém uma tensão. Elas podem representar duas opções que você está avaliando ou duas direções que está considerando para sua vida. Você talvez ache difícil tomar decisões por estar buscando a resposta "certa" através de uma ótica do bem contra o mal. Ao ler essas cartas, você é solicitada a suspender qualquer julgamento e a analisar ambas as opções sem viés. Preste atenção aos aspectos de luz e de sombra das duas cartas que apontam para oportunidades e desafios que estimulam o crescimento.

A carta final, da Flor (4), é a carta da não dualidade, por meio da qual você pode perceber a integração em vez da separação. Permita que esta carta lhe mostre como você pode unificar os ramos divergentes para percorrer o Caminho da Sabedoria. Quais atributos pessoais, perspectivas e intenções mais favorecem o florescer da Unidade?

TIRAGEM DE HARMONIZAÇÃO

Esta tiragem, que tem suas raízes no feminino, é uma variação da tradicional tiragem da Roda da Medicina dos nativos americanos.

Este é o arranjo ideal de cartas a ser usado quando sua vida está fora de equilíbrio: o caos reina, as emoções se intensificam, a depressão vai se infiltrando, ou o trabalho assume o controle. A disposição das cartas é um mapa do eu como um todo, em que cada carta representa aspectos essenciais do ser que devem estar em harmonia entre si para que você floresça.

A carta Leste (1) é a carta do nascer do sol, da primavera e do espírito. Ela carrega em si uma mensagem de novos começos. Permita que esta carta lhe mostre onde você necessita de energia renovada, inspiração e visão. Ela também indica onde seu ego está bloqueando o fluxo do espírito: recorde-se de que os dons vêm *através* de você, não *de* você. Se sua vida está um caos, esta carta pode ajudá-la a compreender como retornar a seu corpo e estabilizar-se.

A carta Sul (2) carrega a energia sensual do meio-dia, do verão e do corpo físico. Escute a mensagem desta carta para renovar a confiança e a inocência em sua vida. Permita que ela lhe mostre em que ponto o medo pode ser um obstáculo ao amor e à liberdade. Se suas emoções estão à flor da pele, esta carta pode indicar como temperar a reatividade com reflexão.

A carta Oeste (3) incorpora os ensinamentos do pôr do sol, do outono e da alma. Em sua leitura desta carta, fique atenta a

mensagens que vêm de sua psique. Penetre fundo em seu interior; ouça sua intuição, suas memórias e seus sonhos. Esta carta pode indicar as feridas que você precisa curar, de modo a poder assumir seus dons únicos. Ela também pode lhe mostrar de que maneira o egocentrismo pode estar drenando você. Especialmente se a depressão é um tema dominante em sua vida, permita que esta carta ajude você a reorientar-se em relação aos outros.

A carta Norte (4) é a carta da meia-noite, do inverno e da mente. Ela vai guiar você na identificação das bênçãos que há em sua vida e no oferecimento de seus abundantes dons ao mundo. Quando você assume seu verdadeiro poder, esta carta pode ajudá-la a refletir sobre como a inflexibilidade e o excesso de confiança podem estar impedindo você de servir a seu propósito mais elevado. Se sente que está trabalhando demais, preste especial atenção às formas pelas quais a criatividade e a espiritualidade podem entrar em sua vida para restabelecer o equilíbrio.

A carta Fogo das Crianças (5) é a carta da consciência pura na qual o caminho de sua vida e o caminho de seu espírito se cruzam. Ela a instiga a avaliar de que maneira sua vida está se desenrolando de acordo com o plano divino. Para vislumbrar em que pontos está seguindo o fluxo do universo e em que pontos está nadando contra a corrente, considere o seguinte enquanto lê a carta: O que traz alegria e calma? Em que ponto a resistência aflora à tona? Que mudança é necessária para alinhar você de novo com o Espírito?

TIRAGEM ÁGUAS TRANQUILAS

Servindo como um espelho d'água, esta leitura de seis cartas permite-lhe explorar a si mesma em relação aos outros, revelando de que modo você e sua pessoa amada, filho, parente ou amigo complementam, contrapõem e completam um ao outro. Recorra a este oráculo minucioso sempre que uma visão geral da mente-corpo-alma, tanto sua quanto do outro, possa elucidar qual o caminho para uma melhor conexão. Você pode fazer esta tiragem sozinha ou convidar a pessoa escolhida para tirar as cartas com você.

As cartas da Alma (1-Você e 6-Outro) revelam o ponto em que você e o outro se encontram na jornada de duas almas conectadas: Quais os dons ocultos que cada um de vocês carrega? Como seus caminhos se encaixam?

O ORÁCULO SAGRADO DO FEMININO SELVAGEM

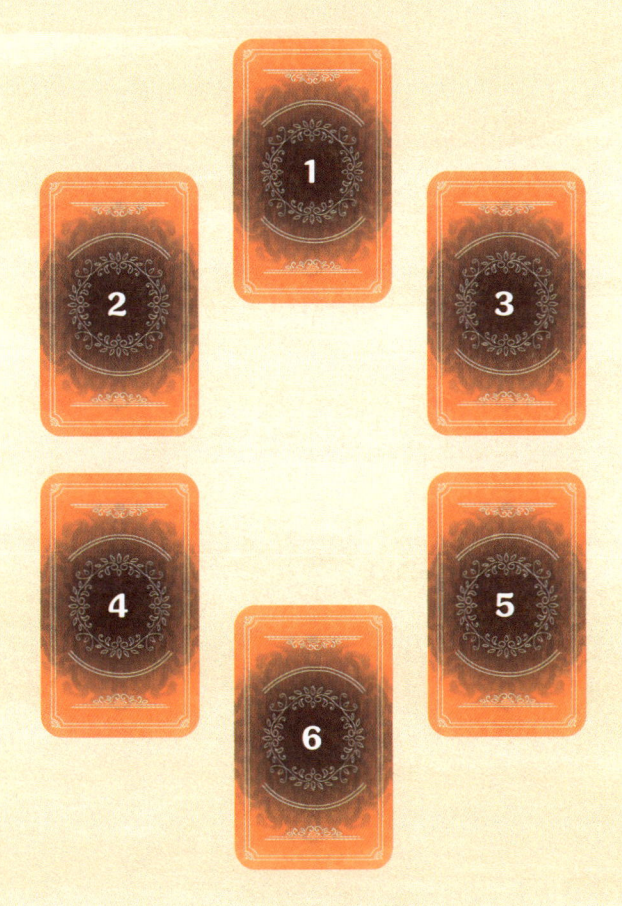

Use essas cartas para guiá-la em um diálogo de almas, uma profunda conexão de corações aberta através de palavras ou realizada em silêncio. Escute para além de seus pensamentos para intuir como a alma do outro está pedindo para ser vista e amparada neste momento, e reflita ou fale sobre o ponto onde se encontra em sua própria busca espiritual. Esteja aberta a receber as mensagens dessas cartas através de símbolos, sincronicidades e sonhos – as linguagens da alma.

As cartas da Mente (2-Você e 4-Outro) representam o reino mental dos pensamentos, atitudes e crenças. Permita que elas ajudem você a lidar com as esperanças e os medos que ocupam a mente durante a vigília e a perceber quais deles operam às ocultas no subconsciente. Analise se padrões de pensamento ajudam ou atrapalham você e seu relacionamento. Estaria você sendo chamada a adotar uma nova perspectiva de si mesma ou a ter a mente mais aberta para a visão de mundo do outro? Que tipos de novos aprendizados ou de práticas contemplativas poderiam beneficiar um de vocês? E, finalmente, de que modo as crenças de cada um sobre o outro podem estar ajudando ou sabotando o relacionamento?

As cartas do Corpo (3-Você e 5-Outro) significam sua relação e a relação do outro com o mundo físico. Essas cartas vão ajudar vocês a sintonizar seus corpos entre si e com o momento presente. Peça a elas que lhe mostrem como melhor interagir com nutrição e respiração, atividade e repouso, o eu e o outro. Busque nessas cartas maneiras de promover uma conexão de cura e acolhimento, e pergunte se a Mãe Terra tem uma mensagem para você: Como você pode cuidar de todos os seus relacionamentos por meio do cultivo de reciprocidade, abundância e gratidão?

O Feminino Selvagem

A BORBOLETA ★ TRANSFORMAÇÃO

A BORBOLETA * TRANSFORMAÇÃO
SOMBRA: RESISTÊNCIA

Ali, no denso negrume de seu útero autotecido, vazio como
a Lua antes do crescente, você se dissolve, concebendo,
em impossível escuridão, a pura inevitabilidade das asas.

KIM ROSEN

A Borboleta, mensageira alada da transformação, chega quando você está no útero da crisálida. A mudança paira por perto, talvez antes mesmo de você sentir que está pronta. Enquanto enfrenta a transmutação, quando tudo se desfaz, pode ser difícil imaginar qual a nova forma que aguarda você. Não obstante, a Borboleta indica a necessidade premente de libertar a psique da identidade habitual, para que ela se entregue a um processo de crescimento radical.

O antigo filósofo Aristóteles atribuiu à Borboleta o nome *psyche*, palavra grega para "alma". Acontece que, para conquistar suas asas, você deve estar disposta a despir-se de sua pele e liquefazer-se em um caldo cósmico. Somente depois dessa autodestruição quase completa é que uma nova vida pode ter início. Você resiste a ter de partir-se ao meio? Compreenda que a mudança sobrevém em resposta a sugestões de seu eu interior e dê as boas-vindas à Borboleta como a prenunciadora da evolução ascendente de sua alma.

Nos momentos de desarticulação e transformação, você talvez não perceba a extraordinária metamorfose que está ocorrendo. Apesar da escuridão que a desorienta, em você estão crescendo asas de maravilhosa iridescência. Quando a Borboleta pousa em sua vida, você deve dar um voto de confiança, e é bem provável que isso exija que seu antigo eu abra caminho para as novas possibilidades que virão. É um tremendo risco dar um salto para o desconhecido – e mesmo assim você deve saltar. Tenha a confiança de que forças invisíveis a guiarão quando você se entregar ao desenrolar do destino.

Todas as tradições de conhecimento reconhecem como essencial marcar as grandes transições de vida. Ritos de passagem ajudam os indivíduos ao despirem-se de suas versões anteriores e cruzarem o limiar do devir. Há formas simples pelas quais você pode empregar o poder do ritual para ajudá-la a assumir uma nova encarnação: queime algo para simbolizar o deixar ir, faça uma caminhada ritual para assinalar sua transição ou reúna seus amigos em um círculo para celebrar seu renascimento. Tire proveito da mudança, proclama a Borboleta, e lembre-se de que você traz em sua coluna vertebral a marca das asas. Emergir de sua crisálida é inevitável.

O CERVO * GENTILEZA

O CERVO * GENTILEZA
SOMBRA: FORÇA

Somente a bondade [...] erguerá a cabeça em meio
à multidão do mundo para dizer sou eu quem você
tem procurado, e depois irá com você para todos
os lugares, como uma sombra ou um amigo.

NAOMI SHIHAB NYE

Se você encontrou o Cervo em suas cartas hoje, está sendo cortejada pela benevolência. O Cervo é um mensageiro do divino selvagem. Movimentos súbitos e vozes muito altas fazem com que ele fuja. Porém, se lhe oferecer cânticos sinceros e louvor genuíno, ele voltará suas atenções para você. Olhe em seus olhos castanhos e líquidos para receber a bênção de sua bondade amorosa.

Os celtas acreditavam que o Cervo indicava o caminho, através da névoa, até o reino das Fadas. No interior da floresta selvagem, o Cervo de andar suave move-se com agilidade e graça sobrenaturais. Permita que o Cervo seja seu guia pelos caminhos mais gentis da floresta. Siga-o por trilhas ancestrais, onde um vento suave sussurra através de árvores matriarcas, despertando uma memória de seu eu mais antigo. O Cervo ensina você a enxergar por entre as sombras e a sintonizar-se à energia sutil. Aqui, nas profundezas da floresta onírica, você pode recuperar a sensibilidade e a inocência naturais. Iniciada nos caminhos do Cervo, retorne à sua vida como uma emissária da gentileza em um mundo hostil demais.

Sendo o animal aliado do quarto chakra, o Cervo convida você a levar uma vida centrada no coração. Até mesmo as situações mais difíceis e os seres feridos podem ser apaziguados com a ternura. É isto o que a humanidade precisa: bondade, o veículo do amor. Enquanto a força mantém o controle exercendo um falso poder sobre os outros através do medo, o Cervo espelha o verdadeiro poder do amor em um coração aberto. Desse modo, assim como a bondade gera bondade, o Cervo lhe pede que incorpore a gentil medicina dele, de modo a expandir a influência de sua compaixão.

Depois de alcançar a iluminação, o Buda fez seu primeiro sermão sobre o Nobre Caminho Óctuplo (ser compassivo, não fazer o mal, falar com bondade, manter a atenção plena e assim por diante) em Sarnath, no Parque dos Cervos. Assim, ele se alinhou com o modelo do Cervo como representação da sabedoria e da força gentil. Uma vez que tenha aquietado sua mente, diz o Buda, a fala correta e a ação correta fluirão por você, permitindo-lhe seguir as passadas suaves e seguras do Cervo e conduzir com as qualidades divinas do coração – amor, gentileza e graça.

O GOLFINHO * CORPORIFICAÇÃO

O GOLFINHO * CORPORIFICAÇÃO
SOMBRA: DESCONEXÃO

De algo muito mais profundamente entremeado [...]
Um movimento e um espírito, que impele [...]
E que rola através de todas as coisas.

WILLIAM WORDSWORTH

O Golfinho é o guardião do *prana*, termo em sânscrito para "a energia da consciência pura", que se manifesta como sua respiração vital. Da mesma forma que o prana, o Golfinho é tanto cósmico quanto físico, assim como você. A energia primal nada através de você assim como você nada através dela, saturando-a com seu fluxo vital. O Golfinho dança com esse potencial vibracional. Sem esforço, ele harmoniza a água e o ar para integrar sensibilidade emocional, inteligência viva, movimento fluido e consciência da unidade em uma jubilosa totalidade do ser. Hoje o Golfinho chega brincalhão até você como um lembrete de que essa vitalidade fundamental é intrínseca à sua natureza selvagem e sagrada.

A sabedoria do Golfinho celebra você como um ser espiritual que escolheu encarnar. Ela ensina que você está aqui para sentir toda a delícia – e o desconforto – de ter um corpo físico; este viver e este respirar são em si divinos. Quando você se sentir desconectada de sua essência vital, perceba as energias sutis que pulsam através de seu corpo – o calor que se concentra ao redor do coração, o ritmo calmante da respiração, o prazer sensual da pele em contato com a pele. Com essa percepção, sua presença pode expandir-se para preencher todo seu ser e, como o Golfinho, seus movimentos cheios de vida tornarão tangível seu espírito ilimitado.

Quando você se abre para as camadas da corporificação, a energia que estava reprimida pode subir à tona para ser curada. Siga devagar e saiba quais emoções podem se mover através de você como ondas – subindo, expressando-se e recuando. Deixe-se permanecer nesse fluir e refluir, não importa quão desconfortável isso possa ser. Para sentir a euforia da alegria genuína, você deve também ser capaz de sentir a seriedade da dor. Amigo daqueles que se perdem no mar, o Golfinho assegura que você não será como um náufrago nesse vasto oceano de sentimento. Como você será salva? Pela respiração.

A exuberante encarnação dos Golfinhos está intimamente ligada a seu domínio sobre a respiração. Eles prendem a respiração enquanto nadam debaixo d'água. Quando sobem à superfície, uma exalação poderosa, liberadora, precede a inalação seguinte. Para movimentar a energia e liberar a emoção, o Golfinho orienta você a praticar o "deixar ir" por meio de uma exalação profunda. Então, ao inspirar, saúde o fluxo do espírito que entra em seu corpo físico – essa respiração plena de vida conecta você a algo profundamente entranhado, um movimento que perpassa todas as coisas.

O CAVALO ★ LIBERDADE

O CAVALO ✳ LIBERDADE
SOMBRA: IRRESPONSABILIDADE

[...] o que é a ausência de liberdade
senão um pressuposto dela?
Eu nunca ansiei por algo que uma
vez já não tivesse sido meu.

KARA JACKSON

O Cavalo, um símbolo universal do poder irrestrito, é o mensageiro da liberdade indômita. Ser livre de todas as amarras é sua natureza intrínseca, seu direito de nascença que nunca pode ser roubado. Deixe que o ribombar dos cascos a galope desperte uma recordação de sua alma em liberdade. O propósito de sua curta estada na Terra é que você descubra como a liberdade ecoa em seu coração. O que acontece quando você se livra da falsa noção de que existe algo que a prende? O Cavalo vem para ajudá-la.

Quando você tira o Cavalo, saiba que está invocando o vínculo entre montaria e cavaleiro, uma sintonia completa com a energia dinâmica. Cavalgando-o, sinta como o poder dele se eleva sob você, como o vento agita seu cabelo – em que momento você se sentiu mais forte, mais nobre, mais livre? O Cavalo empodera você com a possibilidade da escolha; você detém as rédeas de sua vida, a capacidade de responder com segurança ao que quer que ela lhe apresente. Não fique prisioneira das condições externas. Perceba que nada se interpõe entre você e a liberdade. O Cavalo lidera a manada por instinto. Ele lhe ensina a ser hábil ao exercer sua autoridade inata. Pare de buscar aprovação aos olhos dos outros. Demonstre toda sua capacidade, e então dê permissão a si mesma para avançar à toda rumo ao que vem de seu saber mais profundo.

A liberdade, porém, não significa irresponsabilidade. Você não precisa abandonar seu *dharma* e ir para as estepes da Mongólia em busca de liberdade. Em vez disso, redescubra os incontáveis mundos que vivem dentro de você. Traga para si essa expansividade. Resista aos hábitos entranhados de identificar-se com antigas narrativas, ressentimentos e injustiças. Quando você estiver em risco de perder seu ímpeto, monte o Cavalo e vá cavalgar. Esteja disposta a perturbar sua rotina. Volte só depois do anoitecer, cante para a Lua, dê vazão a sua vitalidade. Lembre-se de que o que é seu virá até você, mas que você deve retomar as rédeas para reivindicá-lo. Como você vai usar a liberdade?

O BEIJA-FLOR * ALEGRIA

O BEIJA-FLOR ∗ ALEGRIA
SOMBRA: SOFRIMENTO

Há muito tempo, quando as mulheres eram aves, havia o entendimento simples de que cantar ao alvorecer e cantar ao crepúsculo era curar o mundo por meio da alegria.

TERRY TEMPEST WILLIAMS

A alegria é o néctar da vida. O Beija-flor vive à base desse elixir inebriante. Dançando com facilidade de flor em flor, em busca de beleza e felicidade, ele se deleita no jardim precioso da experiência. Seu prazer é contagiante. E o seu? Se você saboreia o que é bom e espalha a alegria, então polinize o mundo com a medicina do Beija-flor. Se alegria tem sido difícil de encontrar, deixe que o Beija-flor pouse, trazendo de volta seu encantamento com a vida.

Pequeno e leve, o Beija-flor desafia a gravidade ao pairar no ar e desfrutar desta Terra florida. A alegria também paira por perto, até mesmo quando você está cega à presença dela. Quando se sentir oprimida pela tristeza ou por preocupações, permita que suas lágrimas fluam e abram o caminho para que a alegria alce voo uma vez mais. Se é o sentimento de culpa que está impedindo seu prazer, o Beija-flor convida você a crer que não há vergonha em celebrar a vida. Muito pelo contrário, a alegria é uma experiência sagrada de vitalidade irrestrita.

Concentrar-se nas dificuldades da vida e não em sua doçura pode transformar até mesmo uma existência abençoada em uma terrível provação. Quando estiver farta de dar de cara com uma crise a cada volta do caminho, ouça o conselho do Beija-flor e cultive o júbilo em vez do sofrimento. O Beija-flor poliniza as flores enquanto toma o néctar delas; seu prazer gera ainda mais felicidade. Aquilo de que você se alimenta em sua vida também se torna mais abundante. Voltar sua energia para a infelicidade planta a negatividade. Redirecionar sua força vital ao prazer propaga a bem-aventurança.

O Beija-flor ensina você a perceber os prazeres simples da vida e acolher o contentamento. Desse modo, você vai ao encontro da felicidade, em vez de esperar que a felicidade venha a seu encontro. Há pessoas que podem se sentir infelizes em uma praia no Havaí e pessoas que sorriem enquanto enfrentam uma gastroenterite. A alegria não está atrelada às circunstâncias, mas é influenciada por seu ponto de vista. Aprenda a reconhecer que, essencialmente, *você* é a alegria que procura no mundo. Apenas então seu coração adoçado pela alegria irá se expandir, derramando bênçãos douradas onde quer que você pouse.

A LEOA ✶ CORAGEM

A LEOA * CORAGEM
SOMBRA: MEDO

Minha coragem virá da consciência de que posso
lidar com o que quer que venha a encontrar [...]
Fui concebida por meu criador não só para
sobreviver à dor e ao amor, mas também
para me tornar completa dentro deles.
Eu nasci para fazer isso.

GLENNON DOYLE

Quando tirar a Leoa, saiba que seu rugido foi convocado. Viva sua vida intensamente, esta carta diz, e encare seus medos de frente. A Leoa traz uma afirmação de valor intrépido e feminino, tal qual ele outrora imperou no mundo antigo, particularmente no Egito, onde deusa e felino estavam inextrincavelmente ligados. A Leoa é uma carta de crescimento e coragem, e requer que o terror seja integrado ao caminho que leva à totalidade. Saiba que não dá para ficar esperando que a bravura venha – você deve *decidir* ser corajosa. Escolha a coragem em vez do conforto, perenemente desafiando o *status quo*. Então, quando invocar a presença protetora da Leoa interior, não há limites para a ousadia que você passará a ter.

A Leoa ensina que, em vez de recuar, você pode metabolizar qualquer coisa que lhe cause temor, ao oferecer-lhe refúgio. No inglês médio, usado nos séculos XI a XV, a palavra *courage* era usada para exprimir "o que está na mente ou nos pensamentos da pessoa". A coragem não pode existir sem a vulnerabilidade do medo e a sabedoria necessária para lidar com ele. Seja como a deusa hindu Durga, frequentemente representada montada em um leão e fazendo com as mãos o *Abhaya Mudra*, o mudra "destemor", gesto simbólico que proclama o autodomínio que a coragem pressupõe. Para domar seu medo, atreva-se a assumi-lo. Dizer "Estou assustada" é um verdadeiro ato de bravura. Esta alquimia liberta seus atributos de Leoa: espírito valente, foco claro e energia ilimitada.

Tirar a Leoa também recorda você de ter *coeur*, a palavra francesa para "coração", encontrada na raiz de *coragem*. Erga-se com costas fortes e coração aberto, arrisque-se a expor suas emoções e expressar aquilo que lhe traz alegria. E, mesmo se isso fizer seu coração bater mais forte, aumente sua coragem cultivando experiências desafiadoras. Quando sentir algum receio, pergunte a seu eu mais íntimo, "Como seria se eu não reprimisse nada?". Cuidado com o perigo devastador de não arriscar, e não permita que o medo vença seu orgulho. Como a Leoa, deixe rugir a verdade de que você é poderosa para além de qualquer medida. Você nasceu para isso.

A CORUJA * CONSCIÊNCIA

A CORUJA * CONSCIÊNCIA
SOMBRA: INCONSCIÊNCIA

> [...] Para conhecer a escuridão, ande no escuro. Ande sem
> ver, e descubra que também a escuridão floresce e canta,
> e é percorrida por pés escuros, e por asas escuras.
>
> WENDELL BERRY

A Coruja de grandes olhos surge vinda da escuridão, e voando penetra na periferia de sua mente racional. Ela invoca sua percepção sobrenatural, sua consciência silenciosa. Com visão noturna aguçada e apurada audição, a Coruja nos ensina sobre clarividência, consciência e sabedoria. Mas sua capacidade de percepção vai além de elementos de natureza sensorial. Continuamente vigilante, a Coruja alerta você para coisas que não são vistas a olho nu. Quando a Coruja chama, você deve aguçar seus poderes de observação, a começar por sua própria natureza real. Pense em uma coruja virando a cabeça de maneira quase miraculosa quando você fizer um giro completo com sua consciência para expor qualquer ponto cego que a esteja impedindo de discernir toda a verdade.

Às vezes, tornar consciente o inconsciente é tudo de que você precisa para dar início ao processo de mudança. Da mesma forma que a sabedoria da Coruja manifesta-se na escuridão, sua própria intuição floresce quando você examina as misteriosas profundezas da alma. Em vez de permanecer na câmara de eco de seus pensamentos, volte sua percepção para o interior e mantenha uma vigília silenciosa. Remova as camadas de tagarelice mental para revelar um saber espiritual que costuma permanecer oculto. Preste atenção a seus sonhos, pois a Coruja tem predileção pelas mensagens levadas através da noite. Assim como a Coruja, sua sabedoria amadurece à medida que você aprende a enxergar na escuridão, passando a vislumbrar o que os outros não conseguem.

Caso se esqueça da dádiva de seus olhos de Coruja que tudo veem, você pode ser vítima de poderes e padrões que se alimentam daqueles que estão distraídos. Evite essa possibilidade, conjurando a perspectiva onisciente da Coruja. Veja a amplidão, veja longe, veja a essência. Use a Coruja para atingir a simplicidade do que *é* – não do que você *acha* que possa ser. Desligue-se da narrativa e apenas observe. Não permita um único pensamento. Paire acima das distorções do ego e experimente o ponto de vista de puramente ser. Tirar a Coruja pressagia a iluminação – talvez você já tenha pressentido a presença dela. Não se deixe levar pelas distrações e mantenha os olhos abertos. A Coruja move-se com asas silenciosas e emerge das sombras quando você menos espera. Desperte para sua consciência.

O CORVO ★ MAGIA

O CORVO ✳ MAGIA
SOMBRA: MANIPULAÇÃO

Praticar a magia é tecer as forças invisíveis e
dar-lhes forma; planar para além da visão; [...] dar
um salto para além da imaginação, para aquele
espaço entre mundos onde a fantasia se torna
real; ser ao mesmo tempo animal e deus.

STARHAWK

O Corvo tem a cor da magia – o preto-azulado da meia-noite, quando a lua fascinante chama você para fora, para fiar encantamentos com a Terra pulsando sob seus pés. Nessa poderosa hora, portais abrem-se e o Corvo voa para o vazio aveludado da possibilidade infinita. Siga essa ave até o misterioso caldeirão de todas as coisas, onde você reconhece o grasnar revelador como um encantamento que conjura sua bruxa interior.

A medicina do Corvo é dinâmica. Ela pousa em seu ombro como se fosse um familiar, chamando o poder que lhe foi conferido pela deusa para que se manifeste. Chegou o momento de você reconhecer-se em definitivo como uma força – cada palavra que você diz lança um feitiço, cada pensamento que você acalenta molda a realidade. Quando você faz com que tais dons saiam da sombra de seu inconsciente, você consegue se alinhar com a sabedoria superior para criarem juntas seu destino. Você tem o poder de provocar mudanças para melhor, para si e para os outros. Por que não usar sua magia?

Como o Corvo, que voa entre mundos, você está sendo chamada a cortejar o Desconhecido. A Magia é criada quando você costura suas intenções sinceras – orações, encantamentos, desejos – no manto do Mistério, onde todas as coisas são possíveis. A seguir, para se tornar exímia em manifestações, você deve conspirar com o Universo. Alimente o desejo profundo de sua alma com a ação compromissada, o tempo todo renunciando às expectativas e abrindo-se para um resultado que vai além de qualquer imaginação.

Ao exercer seu poder, faça-o com reverência, sabendo que tudo aquilo que misturar no caldeirão vai se tornar parte da criação. O Corvo, cujas penas são um arco-íris de escuridão, é o portador da luz. Em muitas lendas, é ele que traz de volta o sol quando o mundo cai numa noite eterna e, embora tais histórias com frequência envolvam travessuras inofensivas, as intenções do Corvo permanecem puras. Não tente manipular a realidade por medo, ego ou ganância. Em vez disso, siga a lei sagrada do Corvo: a magia deve sempre servir ao bem maior para todos. A partir do vazio sagrado, invoque tudo aquilo que é luminoso e miraculoso.

A SERPENTE * FORÇA VITAL

A SERPENTE * FORÇA VITAL
SOMBRA: ESGOTAMENTO

> Há uma vitalidade, uma força vital, uma centelha de
> vida que é traduzida em ação através de você, e, por
> existir somente uma de você em todo o tempo, essa
> expressão é única [...]. Mantenha o canal aberto.
>
> MARTHA GRAHAM

Quando a Serpente desliza para dentro de sua vida, isso sempre traz alguma surpresa. A Serpente arranca você da rotina e traz para a imediatez do agora. O poder da Serpente se manifesta como uma força vital sexual geradora e espiritual. Fazer uso dessa potência confere a você ilimitada Shakti, que é o poder Feminino Divino que flui através de tudo no Universo. Esta carta significa que a força vital se encontra enrodilhada e a postos, aguardando para perpassar você como uma expressão ímpar do espírito se fazendo matéria. Mas tirar a Serpente também pode indicar que algo está bloqueando sua vitalidade. As duas bases para sua vitalidade são o bem-estar sexual e o fluxo criativo. Você confia no que seu corpo lhe diz? Você dá ouvidos ao que seu âmago lhe pede que faça? Para manter o canal aberto, esta carta incentiva você a ter um diálogo íntimo com sua Shakti interior. Descubra o que a deixa ligada.

Sendo um dos símbolos primordiais do renascimento transformador, a Serpente sinaliza um despertar radical. Na tradição hindu, *Kundalini* significa "enrolada". Ela se refere à energia serpentiforme do feminino, que reside na base da coluna. Se a Kundalini Shakti é despertada, essa força dinâmica move-se para cima pela coluna a partir do sacro, passando pelos sete chakras. Utilizada com atenção plena, a Kundalini é uma das portas para a liberação. Para ativar sua Kundalini, preste atenção àquilo que excita seu espírito. Quando essa energia é libertada por meio de práticas espirituais ou do poder criativo, você sente como se estivesse em chamas, capaz de queimar qualquer autolimitação que constitua um obstáculo à fusão extática com o divino.

Mas queimar não significa consumir-se. O ventre da Serpente deixa à mostra a exaustão. Seja criteriosa quanto à forma como usa sua preciosa força vital. Por sorte, a Serpente representa o apetite infindável da vida por renovação. Visualize o *ouroboros* – a figura de uma serpente que engole a própria cauda para recriar a si mesma. Para ser um canal poderoso para essa energia cósmica feminina, seja seletiva com o que consome, incluindo pensamentos, ambiente, companhia e alimento. E lembre-se, só há uma de você em todo o tempo, portanto não bloqueie sua expressão única nem duvide dela – canalize-a.

O CISNE * GRAÇA

O CISNE ✱ GRAÇA
SOMBRA: FRACASSO

A graça está sempre chovendo sobre nós,
mas temos que aprender a juntar as mãos e
recolher as gotas, ou ficaremos com sede.

KRISHNA DAS

Se o Cisne lhe apareceu, você pode muito bem estar deliciando-se com sua inequívoca generosidade de espírito. Quem não iria querer estar alinhado com a graça – as bênçãos da graça divina; as boas graças dos outros; as três Graças da antiga Grécia que conferem fascínio, beleza e criatividade; ou o mítico cisne que nos transporta com elegância para reinos celestiais? Se é assim que você se encontra, feche os olhos, exale e desfrute de um estado de graça. Incondicional e sempre presente, a graça representa a natureza essencial do Universo.

Todos nós nascemos na graça. No entanto, essa dádiva pode lhe parecer esquiva quando você se descobre percorrendo aos tropeções um terreno acidentado. Se o Cisne agraciou sua mão hoje, mas você acredita não ser mais objeto de graça, pode ser hora de abrir-se para a profunda sabedoria de que o fracasso não constitui uma desgraça. A verdadeira graça aceita todo esforço que leva à autotransformação e que lhe permite gerar seu alinhamento interior. O caminho difícil torna-se a estrada para a transcendência quando você cai, indo parar nos braços da graça. Quando a vida deixa você de joelhos, com frequência não há escolha a não ser abrir-se para o desenrolar divino. Nesse momento de reencontro, você pode uma vez mais beber da sempre transbordante taça da graça, renovando seu sagrado interior. Não há nada do que se arrepender ou lamentar, não há erro que tenha sido cometido. Você precisa apenas reconhecer sua vida como graça e alegrar-se com sua misteriosa bênção.

O lendário canto do cisne faz recordar a crença de que o Cisne canta sua mais bela melodia pouco antes de morrer. Às portas da morte, ela encarna plenamente o poder vivificante da graça.

Mas por que esperar até a hora final? Cada hora, cada dia, traz dentro de si a epifania do Cisne quando você retorna ao saber de que você é um receptáculo terreno para a graça. Esvazie-se de dúvidas, confie que tudo o que acontece *com* você acontece *para* você, e abra espaço para que as bênçãos da graça transbordem.

A TARTARUGA * ESTABILIDADE

A TARTARUGA ✱ ESTABILIDADE
SOMBRA: AGITAÇÃO

Tudo tem seu tempo e é nutrido e alimentado com os ritmos
do sol e da lua, as estações. Nós não somos diferentes.
Nós pertencemos à Terra.

NATALIE GOLDBERG

Quando a Tartaruga aparece nas cartas, é hora de reduzir seu ritmo. A Tartaruga lembra você de manter-se estável em vez de deixar-se dominar pela agitação, pois a dignidade surge naturalmente quando você não se deixa apressar por influências externas. A ação correta surge do contato com suas bases – uma vida que vem de baixo para cima, sensorialmente rica e com raízes na presciência. Os povos indígenas da América do Norte entendem que a medicina da Tartaruga está alinhada com o poder da presença sólida da Terra e com atributos associados, da paciência, da coragem e da estabilidade. A sabedoria da Tartaruga diz que você pode levar seu lar aonde for, recolher-se se necessário e alcançar a revelação, em seu próprio ritmo. Pense nos filhotes de tartaruga abrindo caminho para fora do ninho e chegando ao oceano – determinados a perseverar, inabalados pela enormidade da tarefa e firmemente seguros quanto à direção a seguir.

Escolha a harmonia em vez da pressa, a Tartaruga diz. Toda vez que você persegue o futuro, você deixa o presente para trás. O que acontece dentro de si quando se recusa a apressar as coisas? Imagine que o tempo não é finito, mas elástico, capaz de expandir-se de acordo sua disponibilidade no momento. Faça da sabedoria da Tartaruga sua oferenda: preste atenção ao que está bem na sua frente e surpreenda-se com aquilo que percebe. Essa atenção plena é o que você precisa para ter estabilidade no caminho que escolheu. A Tartaruga ensina você a confiar em um *timing* maior que o seu próprio. Enquanto você segue o caminho inexorável rumo a seu destino, seu destino segue o caminho inexorável rumo a você.

Se ainda se sente inquieta, eis aqui uma maneira ancestral de retornar à estabilidade da terra: deite-se de barriga para baixo, com os braços estendidos acima da cabeça. Assegure-se de que a testa, os joelhos e as mãos estão tocando o chão. Esta é uma prostração completa ante os poderes superiores. Nessa posição de súplica e de humildade, você se coloca em contato direto com o mistério do assim na terra como no céu. O solo sagrado que você busca não está em lugar algum exceto aqui e agora.

A BALEIA * MEMÓRIA

A BALEIA * MEMÓRIA
SOMBRA: AMNÉSIA

> Lembre-se de que há algo majestoso que precisamos
> nos lembrar de reconstruir, e que provavelmente é
> grande demais para que compreendamos. Ainda
> assim, o que importa é nosso estado constante de
> reverência ao encarar essa grandiosidade.
>
> MARTÍN PRECHTEL

Se alguma vez você viu a Baleia subir à superfície a partir das profundezas insondáveis, vai reconhecer que tirar esta carta representa um encontro com a eternidade. O tamanho magnífico da Baleia evoca tempos remotos, quando a Terra estava sendo criada. Com razão, nossas irmãs sencientes e sapientes – que se acredita terem um dia vivido em terra firme

— são vistas com assombro, como se fossem seres sobrenaturais, ao longo da história. A Baleia é a guardiã de um conhecimento profundo e ancestral, codificado na história evolutiva da Mãe Terra. Seu aparecimento chama você para abaixo da superfície, para recordar de sua própria sabedoria profunda.

Ouvindo o chamado da Baleia, sua memória se agita. Com sua voz ecoante e antidiluviana, a Baleia tem histórias para contar. Ouça. Se você esqueceu de onde veio, agora é o momento de recordar. Fale com a mais velha delas. Mergulhe nas mitologias de seus próprios ancestrais. Siga as espirais de migrações que revelam a história de seu pertencimento. Através de águas misteriosas, a proteção sonora da Baleia mantém a salvo seus antepassados. Eles se envolvem a seu redor agora, enquanto você olha para o passado, buscando recuperar a sabedoria fragmentada. A canção antiga da Baleia vai libertar você da amnésia, enchendo-a com um saber novo e um saber ancestral. O canto dela guiará você até sua fonte.

Como guardiã da memória, a medicina da Baleia está relacionada com o som. Da mesma maneira que as ondas de energia criam a forma e a mantêm, diz-se que o canto coletivo das baleias, ao circundar o planeta, pode ser a frequência positiva que está o tempo todo recordando nossa Terra a manter-se inteira. Essas complexas "linhas cantatas"[1] evoluem continuamente de acordo com algum segredo subaquático, mas são cantadas em coro através de milhares de quilômetros. Recorde-se de que você também descende de seres sábios que conheciam o poder da música. Conecte-se a essa linhagem e reviva a reciprocidade primordial do som. Reúna seu círculo para entoar louvores e preces; o canto em conjunto transmite ondas curativas ancestrais para toda a criação. O som também transforma por meio do ouvir profundo. Afine seus ouvidos para notas que vasculham o substrato da memória. Para recuperar os ossos de sua história – e a sabedoria neles entranhada –, deixe-se transportar pela canção sobrenatural da Baleia.

---

[1]. São caminhos mitológicos das culturas aborígenes australianas, registrados em canções tradicionais que descrevem seus percursos e servem como verdadeiros mapas sonoros. (N. da T.)

A LOBA * LIDERANÇA

A LOBA ∗ LIDERANÇA
SOMBRA: BENEFÍCIO PRÓPRIO

Quando as mulheres reafirmam seu relacionamento
com a natureza selvagem, elas passam a contar com
uma observadora interna permanente, uma sábia, uma
visionária [...] que orienta, sugere e incentiva uma vida
vibrante no mundo interior e no mundo exterior.

CLARISSA PINKOLA ESTÉS

A Loba é a carta da liderança perspicaz, e exemplifica a mestria – estado realizado de ser que cumpre o propósito de sua alma de viver a serviço de algo maior que você. Isso inclui servir à sua alcateia, a seu território e, por extensão, ao todo. Ao exercer sua liderança, você não pede ao sagrado aquilo que deseja; você pergunta ao sagrado o que ele deseja de você.

A Loba chama você a assumir seu lugar de poder – poder *com* e poder *para*, e não poder *sobre*. Mas, para servir como desbravadora e guia, você primeiro deve encontrar a fonte de seu próprio norte verdadeiro. Líderes evoluídos têm a convicção de que existe uma inteligência no universo que oferece orientação. Prepare-se, como a Loba, para depender de sua grande integridade: a potente combinação de lealdade à tribo, um resoluto estado de alerta, instinto de retorno ao lar e forte senso de espiritualidade. Você nasceu da natureza selvagem. Assim, vista sua pele de loba e torne-se parte da imensa intimidade do mundo.

A sombra da Loba é o lobo solitário, a pessoa que coloca a si mesma acima das necessidades da tribo. Agir em benefício próprio – um tributo à pequenez – desonra o espírito da Loba. Não se distancie do círculo do ser. Em vez disso, evoque sua liderança interior. Quando essa mudança ocorrer, uma postura mais generosa altera seu rumo e causa impacto em suas ações. Isso se estende por sua tribo, permitindo uma descoberta mútua que leva a novas formas de ser – e de estar juntos. Líderes verdadeiros fazem com que cada pessoa encontre seu próprio poder, para que todos possam se tornar veículos de resplandecência.

Para despertar o potencial que jaz adormecido nos outros, você precisa primeiro alcançar seu próprio potencial. Não é por acaso que, em grego, a palavra para lobo, *lukos*, seja aparentada da palavra para luz, *leukos*. Antes que possa fazer sua luz brilhar, você deve ser a luz. Não tenha medo da Loba quando ela aparecer. Olhe em seus olhos sábios e encontre sua própria liderança.

O Feminino Elemental

A CAVERNA ★ RECEPTIVIDADE

A CAVERNA * RECEPTIVIDADE
SOMBRA: DEFENSIVA

Existe um lugar secreto. Um santuário radiante [...]
Transbordando de dez mil coisas belas.
Mundos dentro de mundos [...]
Esse refúgio magnífico está
dentro de você. Entre. Rompa a escuridão
que envolve a porta de entrada.

MIRABAI STARR

A Caverna é o santuário da deusa. Antes de existirem templos, os ritos religiosos por todo o mundo ocorriam na santidade das câmaras rochosas da Caverna. A palavra em sânscrito para santuário, *garbhagriha*, significa literalmente "útero". Quando você for atraída para a Caverna, prepare-se para um amadurecimento imperceptível para a mente. A escuridão úmida da Caverna guarda uma vivacidade sensual, mas você precisa esvaziar-se para adentrar no útero.

Estar na Caverna representa estar no centro de sua verdadeira natureza. Aqui, neste lugar tão rico e redondo quanto um bom vinho, não há nada a fazer e nenhum lugar aonde ir. Note se você se sente desconfortável com essa quietude. Esteja presente sem desejar que nada seja diferente. Receptividade significa abrir espaço, sem evitar nem se defender. O menor sinal de intenção significa que o desejo pessoal obstrui sua abertura para o que é. Deixe ir o querer e o não querer. Mergulhe no Mistério; reconheça a si mesma naquilo que lhe aparece como o desconhecido. Feche os olhos, abra sua alma e permita que a escuridão penetre. Não tenha medo do que descobrir. Há algo que estimula você, que a aterroriza? Tais polaridades com frequência estão entrelaçadas. Vá ainda mais fundo – por baixo de tudo, veja se consegue sentir a pulsação de uma generosa receptividade que permeia tudo no Universo.

Por meio da receptividade, os véus se desvanecem, o externo e o interno convergem, e você chega ao limiar de seu refúgio secreto. O conhecimento oculto que a Caverna oferece não é alcançado por esforço. Ele é adquirido por absorção, que somente pode acontecer quando a pessoa foi exaurida, totalmente esvaziada. Seja permeada pela imobilidade; permita que o silêncio a deixe permeável. Então, você talvez se descubra menos inclinada a ir atrás das coisas, e mais disposta a deixar que as coisas venham atrás de você. A tônica desta carta é uma agradável quietude nascida da entrega, da prece e do desejo de sintonia. Saiba que você é um útero divino, onde o vazio gera plenitude, a gestação promete renascimento e a receptividade cria o pertencimento. Enquanto você se funde na escuridão fértil, crie conscientemente um lugar em si onde o mistério pode habitar: ceda ao poder que surge quando você se suaviza.

O DESERTO * SOLITUDE

O DESERTO ✴ SOLITUDE
SOMBRA: SOLIDÃO

Se o silêncio imaculado é uma placenta que nos nutre, então a solitude é um útero secreto que nos envolve e nos mantém em nosso lugar.

JOAN HALIFAX

O Deserto é o mensageiro da renovação espiritual. O que à primeira vista parece ser uma paisagem estéril, isolada, é na realidade um oásis sobrenatural que lentamente revela seus esplendores no refúgio da solitude. O Deserto convida-a a deixar o bom e velho conforto do materialismo e da distração. Desnudada, você penetra em um espaço de vazio, quietude e pureza, no qual não tem onde se esconder. Se essa perspectiva enche de terror seu coração, saiba que a solitude transcende a solidão e revela um dom precioso. Não tenha medo de estar sozinha. Apenas quando aprende a aceitar o Deserto, por mais inóspito e remoto que seja, você pode estabelecer um profundo relacionamento consigo mesma e com o mundo. Deixe o silêncio imaculado nutri-la. Sintonize seu coração com o eterno e perceba o que de fato importa em sua vida.

Entremeados à história e aos mitos há relatos de profetas e visionários que se retiraram para o Deserto em busca de revelações como fizeram Jesus, os místicos sufistas Rabia e Rumi, e a artista Georgia O'Keeffe. No imenso vazio, eles superaram medos, dor, apego, solidão e dúvida – demônios que ficam no caminho da transcendência espiritual. O Deserto convida você a seguir os passos deles no vazio sutilmente fértil. Quando você tenta evitar os aspectos sombrios de si mesma, eles a perseguem. Tudo aquilo a que você resiste, persiste. Mas, na amplidão do Deserto, vocês podem finalmente sentar-se juntos, suspensos no tempo e descobrir a história que compartilham. Lágrimas, pânico e ira podem surgir, mas, quando encarados com compaixão e uma presença relaxada, podem dissolver-se em alegria, tranquilidade e um profundo amor. O Deserto ensina que feridas e mágoas são o portal para a libertação; aquilo que fere também pode abençoar.

Enquanto você contempla sua busca, saiba que o Deserto não é apenas um lugar. O Deserto é uma jornada interior. Vagueando no amplo espaço aberto da solitude, você finalmente se detém para descansar e tira das costas os fardos que carregou por tanto tempo. Livre deles, você se abre e escuta. Uma nova voz emerge do silêncio, primeiro um sussurro e a seguir uma canção ressoante, voltando sua atenção para tudo aquilo que faz você estar plenamente viva.

O LÓTUS ✲ RESILIÊNCIA

O LÓTUS ∗ RESILIÊNCIA
SOMBRA: DERROTA

[...] pois tudo floresce, de dentro para fora, pela autobênção; embora, às vezes, seja necessário ensinar de novo a alguma coisa seu encanto.

GALWAY KINNELL

Sendo uma carta de novos começos, o poder do Lótus floresce ao emergir da mais espessa lama. Esteja no mundo, mas não seja dele – é essa a invocação do Lótus. Com suas raízes entranhadas no lodo, toda noite, o Lótus recolhe-se de volta à água turva e miraculosamente refloresce imaculado na manhã seguinte. Esse ciclo de vida único emula o renascimento e a transcendência; em muitas tradições espirituais, o Lótus é caracterizado como um companheiro do divino. Diz-se que os primeiros passos do Buda iluminado deixavam um rasto de flores de Lótus, um lembrete para erguer-se em total radiância das garras do sofrimento.

Tirar o Lótus é uma evidência de que você está sendo chamada a cultivar a resiliência. Seria você capaz de se adaptar – e até mesmo de saboreá-lo – ao ciclo de recolhimento e ressurgimento que transforma a coragem em graça? Aprenda com o Lótus, cujas pétalas têm um revestimento especial de cera que repele a sujeira para proteger a natureza pura da flor. A medicina do Lótus oferece imunidade contra os infortúnios e equanimidade diante das turbulências. Em momentos nos quais você se sente afundar na derrota, esforce-se para abraçar em meio ao lodo das circunstâncias uma tranquilidade irrefreável. Encare a tristeza de uma forma mais ampla – um contratempo que tem seu lugar em nossa vida, do mesmo modo que a felicidade. Aceite o desespero com perspectiva, sabendo que a alegria está do outro lado da tristeza. Não importa o caminho, você tem a oportunidade de renascer e renovar-se a cada dia.

Uma semente de Lótus tem um período mais longo que o comum de viabilidade para a germinação, podendo sobreviver centenas de anos sem água. Da mesma maneira, até mesmo quando as condições parecem desfavoráveis, elas podem estar preparando o terreno para uma felicidade futura. Tenha a confiança de que períodos de desolação podem, com paciência e resiliência, levar ao ressurgimento. E quando as águas curativas finalmente chegarem, desfaça-se de tudo que não serve a seu crescimento, com uma fé inabalável naquilo que serve. Deixar-se cair na impotência, as narrativas que buscam afundar você no medo, deixe tudo isso ir. Mantenha o Lótus em sua mira simbólica, e permaneça receptiva ao impulso que tem dentro de si e que está sempre pronto para aflorar. Nunca esqueça que você própria compartilha da energia vital do Lótus: perfeita, pura e sempre pronta para a luz.

A LUA * RITMO

A LUA * RITMO
SOMBRA: CAOS

A natureza trabalha sem cessar [...] criando e destruindo, fazendo tudo rodopiar e fluir, sem permitir qualquer descanso senão no movimento rítmico, perseguindo tudo em uma canção interminável de uma bela forma a outra.

JOHN MUIR

A Lua, sempre em mutação, mas sempre presente, devota-se a guiar os variáveis humores e sentimentos do feminino. Em sua mirada suave, a Lua guarda o ritmo da natureza, que a tudo sustenta, uma energia retumbante em cujo compasso você pode rodopiar e balançar sem sair da batida. Ela convida você a juntar-se a sua dança às vezes extática, às vezes catártica, acompanhando o ritmo de suas fases junto com as marés e os ciclos de vida. Você consegue sentir um potencial luminoso na plenitude da lua cheia e um equilíbrio restaurador durante a pausa da lua nova? Você honra (ou honrava) seu ciclo mensal como uma conexão sagrada com os mistérios lunares? A Lua lança luz sobre sua vida em cada instante presente, buscando iluminar os lugares onde a magia dela foi eclipsada.

Reacenda sua natureza lunar trazendo a Lua para si. Inspirada por esse rito wiccano, fique sob a lua cheia com os braços em posição de cálice, estendidos para cima em formato de Y. Enquanto a sabedoria reflexiva do luar flui e penetra em seu ser, sinta-se tocada pela Lua. Saboreie as rondas da meia-noite ou uive durante a vigília de seu brilho pleno. Volte-se para dentro de si nas noites escuras da lua nova. Viver afastada da influência lunar fomenta a discórdia. Quando, ao contrário, você está atenta ao crescer e minguar rítmico da Lua, demonstra estar pronta para a sincronicidade com o cosmos.

Embora a Lua tenha presença tão constante quanto o bater de seu próprio coração, ela ensina a você a arte da metamorfose. Flua com as fases lunares, ela diz, permitindo a cada aspecto de sua alma facetada tornar-se visível. Honre seu lado escuro e sua luz, ambos partes entrelaçadas de uma essência radiante. Da fase da donzela de espírito livre (crescente) à maturidade da mãe (cheia), à mulher soberana (minguante) e à anciã sábia (nova), a sabedoria da Lua lhe ensina que seus dons abundam em sucessivas formas, todas belas. Quando você permite que os ritmos da Lua espelhem sua própria natureza mutável, não precisa temer a mudança e nem mergulhar no caos. Tendo a Lua lá no alto, você nunca está de fato sozinha, nunca fica sem orientação. Para cada propósito debaixo do Céu, a Lua ilumina o momento divino.

A MONTANHA * PRESENÇA

A MONTANHA * PRESENÇA
SOMBRA: DISTRAÇÃO

Suba sempre, rumo a maior consciência e maior amor!
No cume, vai encontrar seus eus unidos com todos aqueles
que [...] fizeram a mesma escalada. Pois tudo que sobe
deve convergir.

PIERRE TEILHARD DE CHARDIN

Na companhia de uma Montanha, você é chamada para dialogar com a onisciência: aquela que tudo vê, que tudo sabe, a testemunha de tudo. Por todo o mundo, a Montanha inspira veneração, do Monte Fuji a Machu Picchu. Ela encarna o eixo do mundo que conecta o manto subterrâneo aos picos elevados, o plano terreno ao reino celestial. Constituindo frequentemente um local de peregrinação ou de circum-ambulação, a Montanha oferece um caminho para o eterno presente. Enquanto protege você com sua vigília constante, ela é um portal para a descoberta do "Eu Sou" ilimitado.

Quem vive junto a uma Montanha sabe como sua massa solene e seu perfil majestoso atraem o olhar como um ímã. A Montanha é como um espelho para o iniciado espiritual, oferecendo sua face impassível como um atrativo para que o eu se volte para dentro de si e encontre o Eu imutável – a única realidade constante, o "Eu Sou quem eu sou" com mil nomes diferentes, o qual vive no âmago de todas as tradições místicas. Deixe que a presença seja sua prática. Sinta seu próprio chão como ele é, instável ou firme, desatento ou focado. Como a Montanha, mergulhe na percepção da experiência através de um olhar de testemunha, em vez de identificar-se com cada pensamento e cada sensação. Você consegue perceber a dor sem ser dominada por uma narrativa pessoal sobre essa dor? Tal amplidão é a presença. Você está aqui, sobre a Terra, mas ao mesmo tempo seu chão mais profundo é insubstancial, a inviolável terra firme da impermanência.

Quando você está presente, todos e tudo que você encontra tornam-se uma expressão dessa presença. Aja como se você fosse a Montanha. As preocupações da mente, as distrações do desejo, os apegos do ego e as aversões do corpo – abandone-os todos na linha das árvores. No cume, as dificuldades individuais da escalada desaparecem e você está livre para percorrer com o olhar a grande tapeçaria da consciência. Esta é uma experiência direta, não mediada, com todos os canais abertos. Como a Montanha, sua presença não diluída dá a todos permissão para serem como foram feitos: nus, brilhantes, completamente únicos – o tipo que pode mover Céus e Terra apenas permanecendo completamente imóveis.

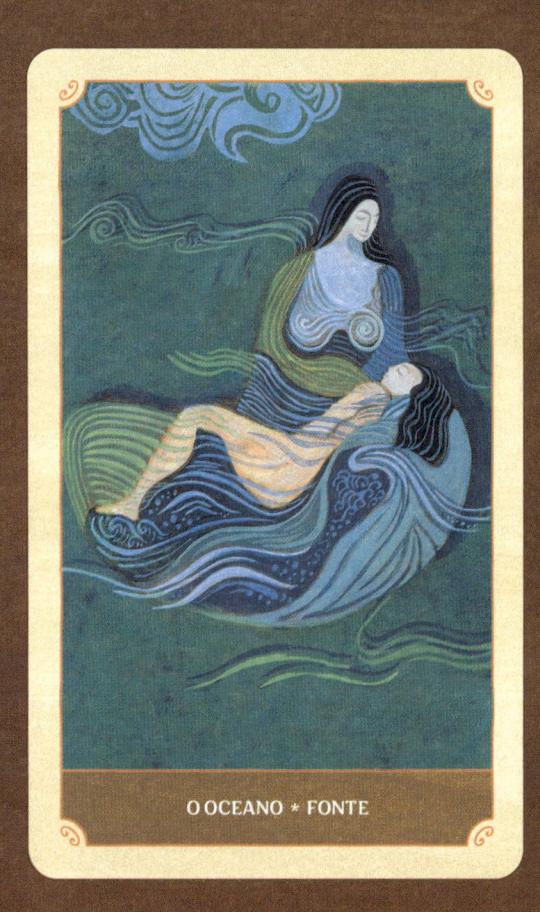

O OCEANO * FONTE

O OCEANO ∗ FONTE
SOMBRA: PASSIVIDADE

Assim como [...] uma onda não pode se separar do oceano, não podemos nos separar uns dos outros. Somos todos parte de um vasto mar de amor, de uma mente divina indivisível.

MARIANNE WILLIAMSON

Quando você tira o Oceano, é hora de parar tudo – todo esforço, todo pensamento – e ser acolhida no colo da Grande Mãe. Toda onda se dissolve neste vasto mar do Ser. O Oceano do qual você vem e para o qual inevitavelmente retornará. Ele convida você a abrir mão da forma e tornar-se essência, permitindo que as diferenças se dissolvam, de modo que sua natureza ilimitada possa emergir. Oceano interior, Oceano exterior. Você é toda essa grandiosidade. Não é necessário que desista de sua identidade finita, mas permita que ela se torne mais transparente, mais ilimitada, até que ela se desvaneça por vontade própria. Os braços amorosos do Oceano estão sempre ali, cada onda é uma parte e um todo, mesmo quando chega a seu auge e quebra.

Imersa no Oceano, nas profundezas líquidas da natureza mais profunda de sua alma, considere a si mesma um órgão sensorial do infinito, um meio pelo qual o cosmos experimenta a si mesmo em detalhes. A raiz da palavra em inglês para fonte, *source*, vem do Latim *surgere*, que significa "erguer-se". Como quer que você chame a Fonte – Amor, Ser, Deus, a Unidade – banhe-se nesse mistério. O que surge dentro de você quando a diferenciação entre o eu e a Fonte se dissolve? Saber disso em cada célula de seu corpo é chegar ao lar e encerrar toda busca. Apenas então você pode beber do inexaurível manancial de si mesma – quem você é e o que você faz tornando-se uma só coisa. A cada dia, fluindo com as marés, você dá de novo à luz seu propósito sagrado no mundo, inteiramente original, proveniente da própria Origem.

Cuidado, porém, com a armadilha da passividade, com o sacrifício do vigor da vontade em função do conforto da complacência.

Não desabe na inação, confiando somente na vontade divina; seu esforço próprio é essencial. Caso contrário, você pode perder de vista a natureza colaborativa dessa comunhão. Como antídoto, ressuscite ativamente sua proximidade, extraordinária, embora corriqueira, com a Fonte. Quando o Oceano ouve dizer que o peixe na água tem sede, ele ri. Você está mergulhada até o pescoço na Fonte, mas imagina-se sedenta. Saiba que nada jamais lhe faltará se mergulhar fundo no Oceano interior do Ser.

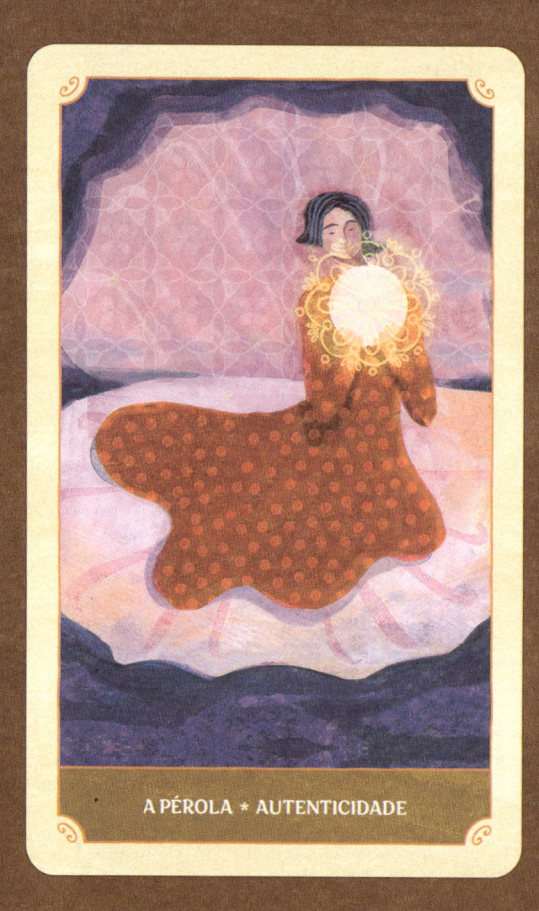

A PÉROLA * AUTENTICIDADE

A PÉROLA * AUTENTICIDADE
SOMBRA: JULGAMENTO

Deus pega a flauta de junco do mundo e sopra.
Cada nota é uma necessidade surgida através de
um de nós, uma paixão, a dor de um anseio.
Lembre-se dos lábios onde o sopro da respiração
teve origem, e deixe que sua nota seja clara [...]
Vou lhe mostrar como isso é suficiente.

RUMI

A Pérola, iluminada de dentro para fora, emana uma beleza iridescente. O brilho dela captura a energia luminosa da Lua; sua origem aquática conecta-a ao poder bruto do mar. Com razão, a Pérola aparece em contos de fadas e mitos do mundo todo, cortejada pela realeza e protegida por dragões.

Tirar esta carta significa que é a sua vez de embarcar na jornada da heroína, em busca da mítica Pérola de valor incalculável. Você talvez encontre aventuras e infortúnios neste caminho de realização interior, mas, se recordar sua verdadeira missão, irá desfrutar de uma riqueza incomensurável. Sinta-se afortunada em saber que seu ser autêntico *é* essa Pérola tão amada.

Como a Pérola, você é única. Ao expressar-se de forma total e ímpar, você está fazendo soar sua nota inimitável, exatamente como o Universo pretende. A Pérola leva você numa jornada em busca de sua individualidade – a beleza de sua alma singular – e de vivê-la intensamente. Qualquer coisa menos que isso priva o Universo de sua insubstituível contribuição à música universal. Dê-se liberdade para expressar-se e criar, viver e deixar viver, enquanto se conecta com tudo aquilo que flui através de você a cada momento. Não critique a si mesma e nem se preocupe com o que os outros pensam. Tais julgamentos são os dragões que você deve matar para se apossar da genuína Pérola de sua verdade.

Que maior presente você pode dar ao mundo do que a Pérola que é apenas sua? Faça uso de seu poder, sendo a sua verdade e dando espaço para que os outros sejam a verdade deles. Abra a porta para a autenticidade, e então siga o fio de uma alegre curiosidade para encontrar um tesouro onde você talvez não o espere. A sabedoria da Pérola lhe ensina a confiar tanto em seu saber quanto em sua insatisfação. Uma princesa talvez reclame de uma ervilha que a incomoda,[2] quando de fato está expressando certa paixão, certo potencial, alguma Pérola que aflora do fundo da alma. Por causar uma irritação, um grão disforme de areia chega à perfeição impecável. A rara beleza esconde as origens nada espetaculares da Pérola. Seu maior valor decorre de ser assumidamente você mesma; a Pérola lhe mostra que isso é suficiente.

---

2. Referência à fábula que diz que uma princesa de verdade consegue sentir uma ervilha mesmo através de vinte colchões. (N. da T.)

O ARCO-ÍRIS * PERDÃO

O ARCO-ÍRIS * PERDÃO
SOMBRA: RESSENTIMENTO

[...] perdoe a si mesmo primeiro para poder então perdoar
os outros e, por fim, encontrar uma forma de se tornar
o amor que deseja neste mundo.

DILRUBA AHMED

O Arco-íris é uma carta de inclusão e fluidez, e sinaliza que é a hora de descobrir uma identidade maior para você. Adote um ponto de vista generoso. Uma vez que o arco-íris depende do ângulo com o qual a luz incide na umidade do céu, não há duas pessoas que vejam exatamente o mesmo arco-íris – cada um de nós tem o olhar posto em um horizonte ligeiramente diferente. O Arco-íris aponta para a verdade fundamental de que a diversidade de pontos de vista é a pedra angular do perdão. Na física, todas as cores do espectro são entendidas como uma coisa única, vista em diferentes amplitudes de movimento. Cada cor implica a existência das outras. Embora seu ponto de vista possa ser único, o Arco-íris invoca a unidade fundamental que existe entre todos nós.

Com essa perspectiva abrangente, abandone as ofensas e os desentendimentos do passado – é esse o conselho do Arco-Íris. Em vez de fixar-se no comportamento indesejável, aprenda a ver a bondade em todo mundo. Não se apegue a um prognóstico pessimista punitivo; veja o mundo através de um filtro de cores vibrantes, perdoando a si mesma e pedindo perdão. Reconheça que tudo o que não estiver resolvido em seu próprio coração é o que você tem dificuldade para perdoar nos outros. Se você não puder abandonar o hábito de acusação, talvez esteja envolvida demais em guardar ressentimentos. O *ressentimento* – palavra que vem de *ressentir*, "sentir de novo" – significa desenterrar mágoas, revivendo-as de novo e de novo em todo seu ser. Abrir mão de atribuir culpas pode parecer esmagador, mas é a flor esmagada que libera sua fragrância, assim como a luz se torna mais deslumbrante quando decomposta em cores.

Símbolo ancestral da promessa, o Arco-íris se oferece como uma visão de integração. Em seu arco radiante, tenha um vislumbre cintilante de sua própria essência multicor. O perdão devolve você a si mesma, restaurando algo profundo do qual talvez tenha se distanciado – uma reconciliação, a unificação com sua experiência de mundo. No azul do céu, o Arco-Íris paira, um arco benevolente de beleza.

O RIO * ENTREGA

O RIO ∗ ENTREGA
SOMBRA: INFLEXIBILIDADE

Você não precisa ser um incêndio para cada montanha
que a bloqueia. Você pode ser uma água e um suave
rio ser seu caminho para a liberdade também.

NAYYIRAH WAHEED

O Rio prenuncia os inevitáveis riachos, corredeiras, poços e redemoinhos que arrastam você para a confluência do destino. Ele lhe oferece a chance de imergir em uma jornada espiritual que independe da compreensão e que nada esconde. Quando não sabe mais o que fazer ou que caminho tomar, você chegou à essência da entrega. Tirar a carta do Rio é banhar-se na fluidez, nas cheias e vazantes da vida espiritual, na incontrolável flutuação que carrega você corrente abaixo, a fusão com ritmos que estão além de seu eu individual.

Sendo uma carta de realinhamento, o Rio pede que você faça um balanço de sua relação com as leis da rendição. Ao deparar-se com uma força irresistível, você se curva ou se quebra? Para algumas pessoas, a adaptação pode ser elegante, como uma curva sinuosa de um rio. Para outras, a sensação pode ser a de uma corrente incansável fazendo força contra o seu senso do eu. Se você está se afogando em dificuldades, reflita sobre o que a impede de seguir com a corrente. O Rio aconselha curvar-se às coisas como elas são e aceitar os obstáculos como correções de curso guiadas pelo divino. O sucesso, aqui, significa não resistir ou recusar-se a ceder; esta carta alerta-a contra a inflexibilidade dogmática.

O Rio mostra-lhe como pode ser seguir um caminho sem resistência. Quer ele surja em ondulações suaves ou como uma corredeira turbulenta, abaixo da superfície existe uma coesão mais profunda. Aconteça o que acontecer; é tudo parte de uma ordem inescrutável. Não é possível escapar da Providência. Agarre-se àquilo que é mais importante – seu real trabalho – e desapegue de tudo o mais. O Rio flui sobre rochas e ao redor de montanhas. Ele assume o formato de cada nova paisagem por onde passa.

Mas com o tempo ele também dá forma à terra, criando cânions e meandros abandonados. Desde seu nascimento, como um regato na alta montanha, até fundir-se uma vez mais com o oceano, o Rio entoa uma história atemporal de movimento e mudança. O Rio corre através de você, e como você – e não apenas passa por você. Cada ato de entrega, não importa quão pequeno seja, traz você para uma duradoura naturalidade dentro do fluxo.

A FUMAÇA * GRATIDÃO

A FUMAÇA * GRATIDÃO
SOMBRA: MERECIMENTO

[...] gratidão é a resposta inevitável a todas as coisas
que conspiram para dotar você da beleza delas [...]
Quando permitimos que o privilégio de estarmos
vivos realmente nos permeie, estamos tomando
parte no sagrado momento do devir da vida.

TOKO-PA TURNER

A Fumaça, nascida das chamas de fogueiras e preces ardentes, leva mensagens aos deuses. Hoje ela carrega uma mensagem para você: emita mais tentáculos de gratidão em sua vida. Todos nós estamos rodeados pelos milagres do cotidiano, como botões de rosa, teias de aranha e flocos de neve, e, no entanto, com que frequência você cai de joelhos em agradecimento?

Cultivando um coração de gratidão, você pode vivenciar até mesmo a má sorte como uma dádiva em potencial. Quer você cultive uma ingênua ingratidão, quer esteja se afogando em um ciclo de infortúnios, é chegado o momento de ser grata.

A primeira respiração de uma criança provoca lágrimas de gratidão e uma profusão de preces. Embora cada respiração seja tão preciosa quanto a primeira, com o tempo você talvez passe a não lhes dar o devido valor, assim como é possível encarar o nascer do sol e a chuva suave como algo natural. À medida que a sensação de merecimento vai se infiltrando, o coração se contrai e se torna menos capaz de absorver as bênçãos que abundam. O antídoto? A gratidão. Expresse agradecimentos e louvores sinceros, pois tudo que você recebe conecta-a ao ciclo de dar e receber que mantém o mundo vivo.

Uma vez que cada um de nossos dias ganha vida por meio do jogo da reciprocidade, como você expressa esse florescer da gratidão? Em tradições espirituais por todo o mundo, preces e oferendas constituem a base da prática diária da gratidão. A Fumaça, uma das mais antigas oferendas rituais, é capaz de abrir a porta do dar e receber. Ela purifica a mente e o corpo para que recebam o Espírito. Também simboliza a transformação da matéria em Espírito. Das cerimônias do cachimbo dos nativos americanos aos *pujas* hindus envoltos em incenso, as preces voam rumo aos Céus nas asas da Fumaça.

Ao invocar o poder da Fumaça para purificar e abençoar, acenda seu incenso natural ou bastão de ervas favorito. Deixe que a fumaça perfumada flutue à volta de seu corpo e então feche os olhos, permitindo-se receber plenamente as dádivas do dia. Por fim, envie a Fumaça para o alto, fazendo uma prece de gratidão a todas as forças visíveis e invisíveis que sustentam sua vida.

A ESTRELA * DESLUMBRAMENTO

A ESTRELA * DESLUMBRAMENTO
SOMBRA: CETICISMO

Éramos amados antes que as estrelas existissem.
Somos mais antigos que a luz.

FRANCINE MARIE TOLF

Os humanos desde sempre contemplaram as estrelas. Através do céu noturno contemplamos o vasto universo e somos atraídos, cheios de assombro, para o Mistério. Na Antiguidade, muitas culturas tinham obsessão com o outro mundo que era revelado quando o sol se punha por trás do horizonte – os deuses apareciam como corpos celestes, as constelações contavam histórias e as estrelas transmitiam instruções. Hoje, a Estrela está lhe enviando uma mensagem: vá lá para fora à noite para reacender sua capacidade de deslumbrar-se.

Ser enfeitiçada pela Via Láctea e seguir as estrelas cadentes através do céu são jornadas de encantamento que abrem a porta para a reverência. A partir daí, cruze os umbrais do templo de sua vida espiritual e lance as bases para uma existência significativa. Sua alma requer ampla oportunidade de maravilhar-se com o que os antigos egípcios chamavam de mistério do invisível. A Estrela convida você a perder-se no infinito, apenas para reencontrar-se como parte de uma ordem cósmica maior.

A Estrela e seus companheiros celestiais podem guiar seu caminho. Há muito tempo elas vêm servindo como portais para o desconhecido, e também como ferramentas para a navegação na Terra. Da próxima vez que você se perguntar se sua vida segue o rumo certo, olhe para cima. O tradicional conhecimento da astrologia lhe oferece um mapa luminoso do caminho de sua vida e uma compreensão dos padrões dos arquétipos humanos. Invista na leitura de seu mapa astral e veja por você mesma se esse diagrama celestial revela oportunidades e desafios que estão escritos nas estrelas.

Em latim, a palavra *disaster* – *dis* significando "separado" e *aster*, "estrela" – prenuncia o infeliz resultado da perda de sua conexão com o mapa do céu noturno e seu maravilhamento intrínseco.

Se você tirou a Estrela, talvez tenha caído sob a tirania da mente racional. Realinhe-se com a assombrosa possibilidade, não com a limitação cética. Esta noite, fique à janela, esperando pela primeira luz das estrelas. Invoque o desejo de seu coração e transmita um desejo através do Universo. Permita que o deslumbramento e a sabedoria se encontrem, cada um expandindo ao infinito o domínio do outro.

O LIMIAR ★ INTENÇÃO

O LIMIAR * INTENÇÃO
SOMBRA: HESITAÇÃO

Já não posso dizer quando uma porta se abre ou fecha,
só posso escutar o batente que diz, *Passe*.

ADA LIMÓN

Quando você se depara com o Limiar, saiba que chegou ao espaço sagrado entre um estado de ser e outro. Em muitas culturas, esse espaço é o que separa o sagrado do profano, o conhecido do desconhecido. No reino do feminino, a vagina tem sido considerada um desses portais entre Céu e Terra. Hoje, o Limiar saúda sua natureza intermédia, anunciando que é chegada a hora de mover-se entre mundos.

Deparar-se com essa fronteira inesperada pode despertar hesitação. Fique tranquila. Na qualidade de portal para o desconhecido, o Limiar lhe entrega sua medicina. Nesses momentos decisivos, durante sua estada temporária no espaço-entre-espaços, você pode encontrar a libertação na incerteza, crescimento na ausência de amarras. Despida de planos e distrações, você pode repousar na inabalável imediatez de quem você é e do local ao qual pertence. Mas primeiro deve fazer seu trabalho interior – às vezes se torcendo e contorcendo – para abandonar identidades velhas e mal ajustadas. A palavra para limiar em inglês é *threshold*, em que *thresh* se refere a remover as palhas secas das sementes férteis que, como você, contêm um potencial adormecido.

Para cruzar um Limiar, você precisa mergulhar no mistério de quem você é bem lá no fundo de seu ser, erguer quaisquer véus que impeçam ver essa verdade, e criar uma intenção que reflita sua alma e que a lance no desconhecido. Qualquer pessoa prestes a cruzar um Limiar deve se preparar para saudar os guardiões do portal, que representam o medo, portanto defendem o *status quo*. Munida de uma intenção que expressa seu anseio mais profundo, você deve encarar qualquer um desses demônios que conspiram para que você continue pequena. Ofereça aos guardiões sua gratidão por protegê-la até aqui. Então, peça-lhes que se afastem para o lado e abençoem sua jornada daí em diante.

Cruze o limite entre passado e futuro para entrar na ampla paisagem da evolução. Aqui, qualquer abertura pode ser um limiar, qualquer partida e qualquer chegada pode ser uma porta para o que está além.

A ÁRVORE DA VIDA ★ CONEXÃO

A ÁRVORE DA VIDA * CONEXÃO
SOMBRA: ISOLAMENTO

> A experiência primordial da Grande Mãe é [...]
> como uma imensa árvore, cujas raízes estão além
> do alcance de nossa consciência, cujos ramos
> são todas as formas de vida que conhecemos, e
> cuja floração é um potencial dentro de nós.
>
> ANNE BARING

Ao tirar a Árvore da Vida, um símbolo verdejante de interconexão, volte sua atenção para o modo como você está entrelaçada ao esquema maior das coisas. Como a própria deusa, a Árvore da Vida é tanto a fonte quanto a mantenedora da vida, com as raízes ancoradas na Terra para prover o sustento no mundo terrestre, e os ramos estendidos em direção ao céu exortando ao crescimento nos reinos espirituais. Sob a forma do teixo, do cedro ou do carvalho, ela é exaltada por sua sabedoria encarnada como o mais velho organismo vivo. Como divindade, ela é a árvore da imortalidade no Jardim do Éden, o centro do Universo na Dança do Sol lakota e a árvore Bodhi da iluminação no budismo. Hoje, para você, ela é um mapa da matriz.

Toda a existência pende como frutos maduros na Árvore da Vida. Um fruto pendente pode perceber outro como algo separado de si, quando na verdade eles são todos partes da mesma árvore, alimentados pela mesma seiva. Reconheça que você também pertence a essa Árvore do Mundo, que tem relação com toda a diversidade florescente da natureza. A placenta que nutre você no útero carrega uma imagem da Árvore da Vida, recordando-lhe que a comunhão é seu direito de nascença.

A Árvore da Vida ensina que, ao cuidar de seus relacionamentos com o outro, você revitaliza sua conexão com o eu. Pondere onde, em sua vida, você pode estar exagerando no individualismo, apenas para reaprender que é impossível viver em isolamento. Por sorte, você não está tão sozinha quanto talvez imagine. O sol que aquece seu corpo, as chuvas que saciam sua sede – juntos formam a base de comunhão na qual se pode cultivar um viver profundo. Junto com amigos sinceros e desconhecidos fortuitos, apaixone-se pelas vulnerabilidades que você compartilha, e pelas peculiaridades e dons que são somente seus. A prece lakota *Mitakuye Oyasin*, que significa "Todas minhas relações", celebra toda a criação e pede que você comungue com todos e tudo, como uma família. Da humilde raiz à copa imponente, a Árvore da Vida envolve você em irmandade.

O Feminino Arquetípico

A *BODHISATTVA* ∗ DESPERTAR

A *BODHISATTVA* ✻ DESPERTAR
SOMBRA: EGOÍSMO

Possa eu ser uma ilha para aqueles que procuram a terra,
Uma lâmpada para os que desejam luz.

SHĀNTIDEVA

A *Bodhisattva* é uma carta de amizade radical. Emanando sabedoria e compaixão cuidadosamente cultivadas, ela aparece quando sua mente está pronta para se tornar aprendiz de seu coração. Um *bodhisattva* é alguém que alcançou a *bodhicitta*, ou "mente desperta", mas escolhe adiar o nirvana – a bem-aventurada liberação dos repetidos renascimentos – para poder ajudar os outros a se tornarem iluminados e assim transcenderem seu ciclo de sofrimento. Com aspirações e ações dedicadas ao benefício de todos os seres sencientes, ele se devota a assegurar-se de que ninguém será deixado para trás. No caminho do despertar, o *Bodhisattva* pode atuar como um amigo fiel e professor transcendental, oferecendo a você as chaves do paraíso envoltas em *tsewa*, palavra tibetana para seu coração de ternura inata.

Se você é abençoada com elevada capacidade de desapego, já está avançando no caminho para o estado búdico. Mas, se você é suscetível demais às fraquezas humanas, o caminho se torna uma prática diária. O caminho do *Bodhisattva* consiste em cultivar um coração ilimitado por meio da prática das Quatro Incomensuráveis – equanimidade, bondade amorosa, compaixão e alegria. Por meio da equanimidade, você estimula a calidez de seu coração ao reconhecer sua própria natureza búdica básica – a essência luminosa – e aprende a vê-la em todos os seres. Você irradia bondade amorosa pelo mundo, em todas as direções e particularmente nos cantos mais escuros. Você pratica a compaixão desejando que todos os seres estejam livres do sofrimento. E cultiva uma alegria irrestrita alegrando-se com a boa fortuna dos outros.

Por meio dessas quatro qualidades sublimes, o *Bodhisattva* ensina que seu coração se abre quando você desperta para o cuidado aos outros, e que ao abrir seu coração você beneficia os outros. Essa roda do amor desata os nós do sofrimento. Dissolvem-se os limites estritos entre amor e ódio, bom e mau, o eu e o outro, e a dolorosa percepção de separação se desfaz. Você não pode extinguir a tristeza e o conflito, mas pode arder com um amor que desperta por meio da dedicação ao bem-estar dos outros. É dito por pessoas abençoadas que toda a essência de ser sagrado está em ser um bom amigo.

A ANCIÃ * SABEDORIA

A ANCIÃ * SABEDORIA
SOMBRA: ANULAÇÃO

Sabedoria é saber que não sou nada, Amor é saber
que sou tudo, e entre ambos minha vida flui.

NISARGADATTA MAHARAJ

A Anciã vem até você com irrevogável autoridade, autorizando você a confiar na sabedoria interior. No passado venerada como mulher sábia – em inglês conhecida como *hag*, palavra derivada do grego *hagia*, que significa "a que é santa" –, essa matriarca grisalha permanece impassível ante a generalizada negação de seu poder e o aviltamento de seu nome. A Anciã pouco se importa com o que os outros pensem. Liberta das expectativas associadas às outras fases arquetípicas do ciclo de vida feminino, a Donzela e a Mãe, ela mergulha fundo dentro de si mesma, bebendo do manancial de sabedoria que se forma onde no passado seu sangue menstrual fluía. Ela mora dentro de você, não importando sua idade, chamando-a para dentro de si, para a raiz de sua astúcia.

A mulher sábia representa a fase minguante do ciclo de vida feminino, espelhando o inverno, a meia-noite e a lua minguante. Postada na porta entre a morte e o renascimento, ela abre espaço para a finalização. A Anciã lhe mostra como é despojar-se de todo fingimento e de todos os adornos. Em sua nobre dignidade e honesta imperfeição, nada resta senão a verdade nua de que toda sabedoria é dinâmica. Para receber a dádiva da Anciã, você deve estar disposta a vislumbrar o eterno devir que é revelado no movimento entre aurora e ocaso e nova aurora, do nascimento à morte ao renascimento.

No cerne desse mistério, a Anciã ensina você a enxergar com mais clareza. Para que sua sabedoria seja destilada, você não pode anular a presença da Anciã. Vivendo com brutal franqueza, ela olha na direção do horizonte da morte para revelar aquilo que mais importa. Voltando seus próprios pensamentos para a mortalidade, você se dá conta de que não tem tempo para trair a si mesma. Que aspecto essencial de si mesma foi enterrado no fundo de sua alma – até agora? As verdades empáticas da Anciã podem ser incisivas, e, portanto, preste atenção quando você se sentir impaciente e irritada. Você pode estar inconscientemente reprimindo a voz do saber liberto de amarras. Portanto, pare de resistir e adote a liberdade dissidente da Anciã. Transcenda os limites culturais para achar pertencimento no cosmos como um todo. A sabedoria permeia a propensão da Anciã a acolher toda a roda da vida; ela reconhece que cada término guarda a semente de um novo começo.

A CURANDEIRA * CURA

A CURANDEIRA * CURA
SOMBRA: FERIMENTO

Toco minha própria pele, e ela me diz que, antes
que existisse qualquer mal, existia o milagre.

ADRIENNE MAREE BROWN

A Curandeira vem de uma longa linhagem de mulheres da medicina – ela é a arquetípica agente de cura que conhece o medicamento exato para novamente colocar o corpo e a alma em alinhamento. Quando tirar esta carta, saiba que ela está oferecendo alguma forma de cura, seja para você, seja para transmitir a outra pessoa. Por toda a América Latina, as curandeiras tradicionais compreendem que a doença vem quando você perde a conexão com sua essência sagrada. O curandeirismo começou com as tribos astecas, maias e incas, e está baseado em suas crenças religiosas de harmonia com a natureza, o espírito e o eu. A Curandeira reconhece a presença da alma dentro do corpo, conferindo-lhe a vida; ela sabe que o livre acesso à indestrutível vida do espírito proporciona a cura. No curandeirismo, a jornada rumo à totalidade depende da integração do mundano com o sagrado, do que se partiu com o que é inquebrável.

A Curandeira pede que você olhe abaixo da superfície e veja seus males como uma oportunidade para abrir em seu coração algo que tenha sido trancado. Ela ensina que cada dor tem uma história que precisa ser vista, ouvida e entendida antes que possa ser consertada. Um corpo em sofrimento reflete uma alma que anseia. Quando seu vigor mingua ou algum aspecto vital de sua alma parece ter definhado, é hora de reorientar-se na direção das forças vitais que se juntam nos bastidores de toda cura. Comprometa-se a viver a vida verdadeira – qualquer coisa menos que isso cobra seu preço, física e psiquicamente.

Na visão da cura holística, uma ferida destina-se a ser trabalhada; uma vez que cumpra seu propósito e tenha sido resolvida, ela pode servir como indicação de que você está a caminho de casa. Mas evite ficar preso à identidade de estar ferido. Você pode não querer cultivar o seu próprio bem-estar, porque isso desafia uma crença há muito tempo arraigada em sua fragilidade. Use seu senso da alma, diz a Curandeira, que não aceita de bom grado a estagnação. Não coloque mais empenho em cuidar de suas feridas do que em curá-las. Declare lealdade à totalidade e deixe seu entusiasmo circular livremente – esta é a verdadeira medicina. Para ter o domínio da cura, pratique a cura.

A AMANTE * INTIMIDADE

A AMANTE * INTIMIDADE
SOMBRA: INIBIÇÃO

A elevação, aquela coisa inexplicável e irresistível no
voo jubiloso de uma andorinha ou na primeira luz do
amanhecer que funde coração e cabeça na alma sensual,
naquele momento de ver de verdade – isso é o amor.

J. DREW LANHAM

Tirar a Amante é um indicativo de que a intimidade está em suas cartas – mas ela pode virar do avesso suas ideias preconcebidas. Embora possa indicar união, harmonia e atração perfeitas, a Amante diz respeito, acima de tudo, a sua relação consigo mesma. Ela invoca o casamento interior, a união interna do masculino e do feminino e o jogo do eros divino que faz o mundo se mover. Com suas raízes no sagrado, a Amante atua como um portal para a totalidade. A ânsia de ser amada vem junto com o sentimento de separação e o anseio pela reunião – com o outro, com sua própria completude e, em última análise, com o Universo. Com sua vulnerabilidade, sensualidade e exposição, a intimidade pode também estar associada à vergonha. Nesse caldeirão borbulhante, as paixões da alma são formadas. Embora possa ser intimamente pessoal, o amor que poetas e místicos descrevem não é nada menos do que cósmico.

A história de Eros começa com uma espécie de *ménage à trois*: amante, amado e aquilo que se interpõe entre ambos. O que se interpõe entre você e sua pessoa amada? Com frequência, isso tem a ver com a revelação de seus aspectos mais íntimos. Abra-me com cuidado, a Amante diz. A sensualidade é sacrossanta, mas com muita frequência e muita facilidade ela é cerceada. Reivindicar – e proclamar – seu prazer é algo arriscado, e pode resultar tanto em um exílio em potencial quanto em um verdadeiro retorno ao lar

O desejo é uma forma de amor-próprio. Excitar-se requer que você permita a si mesma sentir-se bem. Se isso lhe parecer ameaçador, talvez perca o tesão inconscientemente, ao preferir controlar-se, ou privar-se do clímax. Permita que o amor seja uma força que suaviza. A natureza da Amante é ter a consciência cheia de gratidão – plena de louvor, agradecida por dar, grata por receber. Quando infundido com um sentido de sagrada intimidade, o mundo fica matizado pela beleza e impregnado pelo prazer. O reino dos sentidos amplia-se e convida tudo a entrar. Se o desejo é sua prece, a resposta pode estar por toda parte – dentro de você, fora de você, amor ilimitado e eterno. Deixe que o desejo brilhe em você e sobre você, como um milhão de sóis; se você é corajosa o bastante para senti-lo, você é corajosa o bastante para sê-lo.

A DONZELA * INOCÊNCIA

A DONZELA * INOCÊNCIA
SOMBRA: PUDOR

Como nos tornamos quem somos no mundo? Nós pedimos ao mundo que nos ensine. Mas devemos pedir com o coração aberto, sem ter ideia de como será a resposta.

PAM HOUSTON

A hora da Donzela é a alvorada e sua estação é a primavera, simbolizando a eterna possibilidade e crescimento. Tirar a Donzela evoca uma fase juvenil de sua vida, quando todo tipo de devir é possível. A Donzela anuncia o florescer – seu reflexo é a lua crescente que se aproxima da plenitude. Ela encarna a inocência, a autoconfiança e a independência. Com a Donzela em suas mãos, é hora de mergulhar em um aspecto virginal e incorrupto de si.

Ao embarcar nessa jornada de descoberta, sua missão é explorar com total liberdade. A Donzela está livre de ideias preconcebidas, opiniões e hábitos imutáveis. Ansiosa para aprender, ela se sente à vontade com o que não sabe. Quando a Donzela aparece, é hora de saborear o frescor da mente de uma principiante – uma atitude de abertura associada à inocência. Seja qual for a missão de reconhecimento selvagem e sagrado que apaixona seu espírito, aceite a nova vida que ela traz.

O termo *virgem*, com frequência usado de forma intercambiável com *donzela*, vem da palavra grega para "uma em si mesma". Constituindo o aspecto não relacional do feminino em toda sua glória, ela defende suas próprias posições, livre de enredamentos, e satisfaz a si mesma antes de mais nada. Ela segue seu impulso interno rumo ao desenvolvimento dos dons ímpares que são dela por direito de nascença. A Donzela convida você a abandonar a ideia de que alguém completaria você – e a reimaginar sua própria autocompletude. Siga seus próprios valores, vasculhe os lugares sacrossantos que tem dentro de si e mergulhe em um amor mais profundo até do que o amor romântico, devotado e puro.

Estando a Donzela prestes a fazer a transição da inocência para a experiência, empenhe-se para manter a capacidade de maravilhar-se e sua integridade. Mas tenha cuidado para não ser casta demais. Não se resguarde da experiência através de uma ideia equivocada de autopreservação – a inibição espreita na sombra da pureza. Se você tem algum medo da genuína sensualidade, da intimidade representada e expressa por meio do corpo, a melhor saída pode ser reimaginar sua capacidade intacta para o prazer. A Donzela é uma carta de passagem e iniciação, trazendo para você a reflexão de que um bom começo é a metade: qualquer coisa feita com alegria será concluída sem esforço.

A MÃE * ACOLHIMENTO

A MÃE * ACOLHIMENTO
SOMBRA: MÁRTIR

Meu poder é vasto demais para ser imaginado [...]
Entregue-se a mim com alegre e plena devoção
e ajudarei você a descobrir seu verdadeiro ser.
Habite em mim como eu habito em você.

TANTRA TRIPURA RAHASYA

A Mãe é o umbigo que conecta você ao útero da existência. Com sua característica qualidade divina, ela carrega a mensagem de que você é uma criadora – você canaliza a vida e o crescimento através de seu próprio ser. Muitos milhares de anos atrás, quando a civilização ocidental passou a dar mais valor à conquista do que à coerência, a Deusa Mãe, a dimensão unificadora de natureza e alma, passou à clandestinidade.

As mulheres perderam de vista essa fonte divina e esqueceram que, como filhas da Grande Mãe, uma energia sagrada feminina vibra em suas veias, seios e ventres. Esta carta diz que é a hora de você ressuscitar a deusa, de celebrar a Mãe – fonte e sustento da vida – na maneira como você valoriza seu corpo e se transforma em um canal para a criatividade.

Tenha escolhido ou não o caminho da maternidade, você está sendo chamada a despertar o poder da Mãe divina. Essa força vital abundante não é algo atrás do qual você precise ir. Ela está sempre presente, pronta para fluir através de você quando você simplesmente se suaviza. Ao suavizar-se, como os seios que alimentam, você se abre para a delícia de dar e receber a ágil vitalidade da Grande Mãe. Em inglês, os verbos *nurse* ("cuidar") e *nurture* ("nutrir") têm a mesma raiz latina, *nutrire*, que significa "alimentar e acolher". Ao oferecer o seio, uma tigela de sopa ou mesmo um grupo de escrita, você se alinha com a essência geradora da Deusa Mãe.

A Mãe orienta você a abrir espaço para a criação – como receptáculo, criadora, nutriz. Inerente a esse rito sagrado é a arte do sacrifício, palavra derivada do latim *sacer*, que significa "sagrado". Sacrificar seu tempo e energia em nome de uma visão ou de uma nova vida significa fazer sua oferenda sagrada. Mas cuidado para não dar demais de si, de sua alegria, de seu bem-estar, como uma mártir – aquela que usa com orgulho a medalha do sofrimento desnecessário. Escolha ser generosa, e não infeliz. Não importa como você foi cuidada por sua mãe, cuide de si com inabalável devoção. Descubra o caminho de volta para o amplo abraço da Grande Mãe. No seio dela, canalize através de si o inesgotável fluxo da abundância.

A MUSA ∗ INSPIRAÇÃO

A MUSA * INSPIRAÇÃO
SOMBRA: ESTAGNAÇÃO

O Universo enterra estranhas joias
no fundo de todos nós [...]
A caçada para encontrar tais joias —
isto é, viver com criatividade [...]
é o que separa uma existência mundana
de uma existência mais mágica.

ELIZABETH GILBERT

Tirar esta carta da centelha divina significa que a Musa da inspiração tem você em sua mira. Ela clama por tirar você da apatia. Vindo do latim *inspirare* e partilhando uma linhagem comum com a palavra *espírito*, estar inspirado significa respirar em espírito — sentir a santidade da reverência no sangue e nos ossos. Na mitologia grega, as nove Musas eram deusas da inspiração. Elas presidiam as artes e eram invocadas para ajudar os criadores a abrir suas comportas. Quando a Musa chegava, o artista tornava-se o instrumento para um afluxo de inspiração que então podia ser transmitido ao mundo. Se a Musa apareceu em suas cartas, ela pressagia que essa corrente está pronta para fluir através de você.

Saiba que tudo depende de você estar disposta. A inspiração não pode ser adiada – ela é a água fresca de sua vida interior, proporcionando a sua alma uma nutrição vital. Para beber de um manancial infinito de inspiração, esta carta convida você a adquirir uma íntima familiaridade com sua Musa e a cortejá-la como uma rainha. Quem é essa amante da beleza que foi enviada pelos deuses? O que a atrai para perto de você? O nascer do sol? A dança? O silêncio? Ela é você; você é ela. Convide-a para habitar todo seu ser. Quando a Musa estabelece residência, uma vida inspirada passa a reinar. Quando você sente que está estagnada, a Musa pergunta: você está prestando atenção suficiente? Para encontrar inspiração, saboreie o mundo à sua volta e explore a rica imediatez de sua experiência. Se seguir sua curiosidade, sua paixão e seus anseios, a inspiração será inevitável.

Enquanto você explora esses rios subterrâneos de expressividade, uma armadilha comum está à espreita: a tentação de levar o crédito por suas realizações criativas e por seus fracassos. Os antigos romanos reconheciam que a inspiração vinha *através* dos humanos, não *dos* humanos. Todo ato criativo tem a assinatura do gênio, uma inteligência oculta que move a mão do pintor ou sussurra no ouvido do poeta. Confie nesse estado de fluxo, sinta a Musa agitando-se em sua alma e deixe que sua criatividade seja adivinhada.

A MÍSTICA * DEVOÇÃO

A MÍSTICA * DEVOÇÃO
SOMBRA: SEPARAÇÃO

O trabalho de meu coração é o trabalho do
coração do mundo. Não existe outra arte.

ALISON LUTERMAN

A Mística não é sobrenatural; ao contrário, ela se caracteriza por uma devoção radical a toda a criação por meio de um coração transformado pelo amor. Quando você tira esta carta, apoie-se na crença fundamental de que "tudo está bem". Viva no mundo como se ele fosse um templo, transforme a busca em celebração e ame todas as coisas que você demorou tanto para aprender a amar. Permita que o sagrado venha ao seu encontro.

O caminho da Mística leva você para o interior, para a "raiz da raiz de si mesma", onde você descobre seu rumo de volta ao lar.

Como a Mística, você sabe que o *samsara* (o mundo material) e o nirvana (a bem-aventurança) estão interligados. Você pode estar no mundo e ao mesmo tempo não pertencer a ele. Para tanto, comprometa-se com uma amplidão interior que dissolve as contradições e suspende qualquer julgamento sobre como as coisas deveriam ser. Deixe que qualquer lugar se torne um local de reverência, que todas as pessoas sejam um receptáculo da divindade. A Mística rejeita a transcendência em favor da imanência, portanto não negue sua conexão com seu corpo e o mundo ao redor em favor de uma versão longínqua do Céu.

Quando a Mística visita você, ela lhe pede que se abra para uma intimidade com tudo que existe a seu redor. Ver com os olhos do amor transforma cada flor da calçada, cada cachorro de rua, cada desconhecido que passa na face de um ser querido. Através dessa devoção, uma fusão ocorre, tornando indefinida qualquer distinção entre o que está acima e o que está abaixo, dentro e fora. O trabalho de seu coração de Mística segue em paralelo com o trabalho do coração do mundo. A pessoa que você ama vive dentro de você e se alimenta de sua luz. À medida que se aprofundar mais nesse mistério, você deve esperar descobrir uma deliciosa forma de amizade com a maneira como você foi feita, até mesmo suas peculiaridades e imperfeições. Quando surgirem formas residuais de resistência, lembre-se de que viver como a Mística requer um intenso poder pessoal. Para libertar-se de qualquer sentimento de separação que mantenha você na escuridão, permita que sua bondade intrínseca leve você em direção à luz.

A SACERDOTISA * INTUIÇÃO

A SACERDOTISA * INTUIÇÃO
SOMBRA: RAZÃO

O olho através do qual vejo Deus é o mesmo
olho através do qual Deus me vê.
Meu olho e o olho de Deus são um só olho,
e uma visão, um saber e um amor.

MEISTER ECKHART

A Sacerdotisa é um osso oco, um canal aberto e desimpedido para a recepção e transmissão da sabedoria divina. Através dos tempos, ela tem falado em nome da Grande Deusa, detendo autoridade e saber como intermediária entre os reinos físico e espiritual. Honre a linhagem profética da Sacerdotisa, cultivando sua intuição como a voz da divindade que reside dentro de si. A carta da Sacerdotisa fala sobre abrir-se para o que está além de seus cinco sentidos, e pede que você ouça profundamente e dê ouvidos a seu saber interior.

Uma audiência com a Sacerdotisa significa que poderes invisíveis estão em ação. Se você está navegando pelo desconhecido, seja para você mesma, seja para outra pessoa, torne-se um receptáculo para a orientação visionária. Expresse o que você deseja esclarecer e espere por uma resposta. Esta pode vir de muitas formas – um saber corporal, uma premonição, um impulso repentino rumo ao assunto em questão ou para longe dele. Preste especial atenção à área entre as sobrancelhas, onde muitas religiões creem que reside uma percepção superior – o chakra frontal. Conhecido no budismo, no hinduísmo e no taoismo como o terceiro olho, é para ele que convergem a mente, as impressões psíquicas e a empatia. Em vez de depender dos outros para guiar você, ou de ouvir apenas a voz da razão, cuja lógica pode afogar um saber mais profundo, dê ouvidos a seu oráculo inato. Da mesma forma, evite ficar presa à crença de que você já dispõe de *todas* as respostas, o que pode coibir a capacidade de sintonizar seu sexto sentido. Esteja aberta, e você receberá e perceberá.

A Sacerdotisa serve ao bem maior. Através dela, o Feminino Divino fala a verdade e age em nome do amor. Ela pede a você que também se torne um canal, rogando-lhe para ser a voz da sabedoria eterna, que infunde o sagrado em cada aspecto da vida. A Sacerdotisa a recorda que, em última análise, você não é sua mente, seu corpo ou suas experiências – você é o que nunca nasceu e que, portanto, nunca pode morrer, o êxtase silencioso e oculto que tudo permeia e torna sagradas todas as coisas.

A RAINHA * SOBERANIA

A RAINHA * SOBERANIA
SOMBRA: DEPENDÊNCIA

Lembre-se, por apenas um minuto do dia, de que seria melhor tentar olhar para si mesmo mais como Deus olha, pois Ele conhece sua verdadeira natureza real.

HAFIZ

Quando tira a Rainha, você faz uso de seus mais sublimes desejos de ter liberdade de ação e importância. A realeza governa por direito divino, mas a soberania reina sobretudo dentro de você mesma. A Rainha aconselha você a ter uma postura de estabilidade, integridade e elegância. Ao assumir a coroa da soberania – tomando decisões internas que você não tem opção senão obedecer –, você se arrisca a expor-se à crítica alheia. Não deixe que isso a detenha. Aquilo que torna você única é inviolável.

Acredite em si; a Rainha declara que a confiança é uma característica nobre. Quando você aceita a si mesma da forma que é, você assume a majestade que é sua por direito.

Nesse caminho, nada é mais empoderador do que a autodeterminação, e tirar a Rainha indica uma ânsia de traçar o curso de sua própria vida. Quaisquer obstáculos que encontrar tornam-se pontes quando você tem domínio sobre seus impulsos. Honre a verdade de sua experiência e permaneça leal à autoridade interior. Ser soberana significa estar aberta a toda experiência, livre de resistência e repressões. Mas a Rainha também compreende o papel da responsabilidade pessoal nas regras de convivência. Ela prioriza escolhas que servem ao bem maior, defende que o caráter seja moldado e saúda o desenvolvimento espiritual que a responsabilidade promove.

No domínio da Rainha, você deve encontrar sozinha seu verdadeiro centro. A soberania lhe mostra como acompanhar a face cambiante de quem você sabe que é e como aproximar-se do horizonte de quem você vai se tornar. A lição da Rainha é simples, mas está longe de ser fácil – você não é o que lhe acontece; você é o que escolhe ser. Quando depende dos outros para fazer escolhas por você, ou para validar seu valor, você está abdicando de seu trono. A dependência é uma forma de autoabandono. Por outro lado, o que acontece quando você saúda sua soberania interior, recusa-se a curvar-se aos outros e rege a si mesma com honesta autonomia? A Rainha lhe ordena que você aja de acordo com sua verdadeira natureza nobre. Você irá descobrir que o universo ajusta o ritmo do empoderamento de acordo com sua disposição de reivindicá-lo.

A REBELDE ★ REVOLUCIONÁRIA

A REBELDE ∗ REVOLUCIONÁRIA
SOMBRA: CONFORMISMO

Lembre-se: as regras, assim como as ruas, só podem levar você a lugares conhecidos. Por baixo das ruas existe um campo – ele sempre esteve ali –, onde perder-se nunca é errado, mas simplesmente ser mais. Como regra, seja mais.

OCEAN VUONG

Quando a Rebelde aparece, você talvez esteja a ponto de fugir. A Rebelde desperta você da vida mansa demais do conformismo. Ela apresenta a rebeldia sob uma luz positiva, preferindo abandonar as normas para correr rumo ao horizonte da autodeterminação. Esta é a carta da guerreira espiritual, que zela pela expressão honesta como a chama de uma alma plenamente acesa. A originalidade é sua norma interior – ela vem da livre escolha para seguir os valores pessoais em vez de submeter-se ao *status quo*.

Para a renegada que tem suas raízes no sagrado, um amor incondicional pela verdade é o *cri de coeur*, um grito que vem do coração. Os Rebeldes sempre abriram caminho para diante, desafiando expectativas limitantes e normas sociais rígidas, em favor de um estado de ser mais fluido e expansivo. No livro do Gênesis, da Bíblia, Eva é uma dessas pessoas subversivas: a vontade de morder a maçã e saciar sua fome de conhecimento pode ser considerada um ato radical de santa revolução. Para a Rebelde, a ruptura não é uma mera transgressão, ela serve como um veículo para a transformação. A morte espiritual com frequência acarretada pelo "ajustar-se" pode ser evitada ao romper os tabus. A Rebelde estimula você a defender sua verdade.

Se você está questionando a obediência cega, sua agitadora interior está ansiosa para expressar-se. O desafio é um ato inerentemente criativo. Desde largar um emprego ou um relacionamento à transição de identidade de gênero, ou ao confronto com a autoridade, a Rebelde incita você a ser a autora de sua própria narrativa, autoatribuída e heterodoxa.

No entanto, assim como o conformismo, a rebelião instintiva também pode ser uma prisão. Na pior hipótese, a Rebelde age numa reação incondicional – um impulso equivocado que tenta destruir a casa do mestre com as próprias ferramentas do mestre. Na melhor, a Rebelde encoraja você a retornar à sua essência mais profunda, a ganhar vida com cada fibra e cada nervo de seu ser. A rebelião com significado exige a forma correta – mais clamor, mais entusiasmo, mais música. Seja uma Rebelde com muitas causas e, com um grito rebelde, proclame mais, mais, mais.

A METAMORFA * FLUIDEZ

A METAMORFA * FLUIDEZ
SOMBRA: RIGIDEZ

Estou vivendo hoje como alguém que
ainda não havia me tornado ontem
E esta noite vou apenas pegar emprestado pedaços
de quem sou hoje e levar comigo para o amanhã.

ANDREA GIBSON

A Metamorfa é uma carta de transmutação e transcendência, que carrega você a novos planos de consciência. O veículo é a imaginação, que se estende para além do eu físico imediato e penetra no campo energético de seu entorno. Adotando o estado fluido da Metamorfa, diferentes dimensões passam a estar disponíveis, e aquilo que é percebido como um obstáculo revela ser uma oportunidade. Enquanto os xamãs tradicionalmente conseguem cruzar os limites usuais do eu ao enviarem suas almas para fora por meio da jornada xamânica, você também carrega o dom da metamorfose.

A metamorfose consiste na capacidade de alterar sua percepção para corresponder ao alcance irrestrito do coração. Essa capacidade depende do quanto você expande – ou limita – suas faculdades criativas quando uma forma, ou um corpo, ou um modo de ser está sendo sufocante demais para permitir à alma desenvolver-se. A Metamorfa sabe que a forma depende da função: para expandir seu mundo, você necessita habitar uma alteridade para além de você, bem como dentro de você. Na sua melhor forma, a metamorfose é radicalmente empática. Ela permite que você veja as coisas pelo ponto de vista do outro, para conceber possibilidades infinitas. Sinta a revelação espiritual que ocorre quando você tem a coragem de assumir uma história diferente, de tomar o lugar de outra pessoa.

Como Metamorfa, você tem a recombinação potencial para transgredir normas culturais, criativas ou de gênero. Quando constructos mutuamente exclusivos se tornam pequenos demais para você, subverta as escolhas binárias em favor de alternativas mais inclusivas e que se sobrepõem. Ficar presa a opostos – masculino ou feminino, ganhar ou perder, vivo ou morto – significa erguer muros onde seria melhor ter portas. A rigidez é uma expressão do controle, uma forma de tornar controlável o incognoscível. Ela não serve ao crescimento ou à expansão. Através da metamorfose, seja ela energética, seja literal, você se torna ilimitada. A experiência de fluidez permite a você existir em um mundo feito de múltiplas inteligências e formas. Quando, por outro lado, você silencia essas vozes, está privando de integridade seus sentidos, de coerência sua mente, de regresso sua alma. A Metamorfa diz: não se isole de coisa nenhuma. Seja um fio deslumbrante no tecido da trama translúcida da vida.

A VIAJANTE * FÉ

A VIAJANTE * FÉ
SOMBRA: DÚVIDA

Caminhante, são suas pegadas o caminho e nada mais;
caminhante, não há caminho: se faz caminho ao andar.

ANTONIO MACHADO

Por milênios, pessoas acometidas de *wanderlust*, o desejo de viajar, embarcaram em jornadas transformativas em busca de renovação e revelação. Elas peregrinavam para locais sagrados para tocar aquilo que era sacro, sentir o mistério e encontrar a si mesmas. A Viajante veio até suas mãos hoje para sinalizar que você está numa encruzilhada. Você pode escolher a segurança do hábito ou ouvir o chamado dela para embarcar em uma busca por sabedoria e verdade. Labirínticos em natureza, os caminhos da peregrinação vêm e vão, às vezes afastando-se daquele que você imagina ser o destino de sua jornada, mas sempre chegando, ao final, exatamente aonde você deveria estar.

Como viajante, a profundidade de sua jornada depende de sua disposição para desbravar o desconhecido. A viagem sagrada a leva muito além de planos bem elaborados e cronogramas previsíveis. Planeje seu caminho com tempo de sobra para lançar-se no desconhecido. Permita que sua jornada permaneça indefinida até que o acaso a leve a alguma trilha que você conhece e que está destinada a seguir. Peça orientação a guias em potencial e esteja atenta a sinais – encontros fortuitos, nomes de ruas curiosos, e até trens atrasados. Amuletos têm sido muito usados para proteger os peregrinos através dos tempos, mas a fé é, como sempre, o mais confiável dos companheiros de viagem.

Ao longo do caminho, você está escrevendo a história de sua vida, e, como em qualquer bom fio usado para tecer, um equilíbrio entre tensão e resolução mantém o progresso da trama. Etimologicamente, a palavra em inglês para viagem, *travel* é aparentada com *travail* ("trabalho") implicando que não é para os fracos de coração. Jornadas emocionais tendem a levar você à beira do colapso em seu caminho para a descoberta. Às vezes, você precisa viajar para longe de casa, cruzando terras estrangeiras e terrenos difíceis, apenas para voltar ao lar e descobrir o tesouro que buscava, enterrado em seu próprio quintal. Outras vezes, você vai sentir como se estivesse dando voltas a esmo, talvez perdida, ou que chegou a um beco sem saída. A Viajante ensina você a confiar no caminho em espiral da vida nômade, mesmo quando ele está obscurecido por algum lugar familiar demais. Sempre que tiver dúvidas quanto a seu caminho, lembre-se disto: o caminho é feito pelo caminhar; o mapa está dobrado em seu coração.

O Feminino Divino

AMATERASU ✶ BELEZA

AMATERASU * BELEZA
SOMBRA: PERFEIÇÃO

Olhe para o presente que a beleza nos dá — o poder dela é
tão grande que ela dá vida à terra, ao céu, a nossa alma.

MIRABAI

Amaterasu – a deusa solar xintoísta de longos cabelos sedosos e olhos amendoados e generosos – nos abençoa com a beleza. O nome dela significa "que brilha do céu", e, de fato, ela traz luz ao mundo. Não foi sempre assim. Um dia, Amaterasu ficou ofendida e retirou-se para uma caverna. Uma noite sem fim caiu sobre a Terra. A situação ficou cada vez mais desesperadora até que Uzume, a deusa da alegria, executou uma dança obscena do lado de fora do refúgio de Amaterasu, provocando gargalhadas da multidão reunida. O ponto alto da dança de Uzume foi uma exibição flagrante de sua genitália – chamada de "portão celestial" em japonês. Atraída pela alegria contagiante, Amaterasu espiou para fora, curiosa para saber o que havia dissipado a tristeza. A revelação da glória feminina por Uzume arrancou Amaterasu de seu retraimento; quando entreviu seu próprio reflexo em um espelho que havia por perto, Amaterasu jurou nunca mais privar o mundo de seu brilho criador da vida.

Amaterasu recorda você a permitir que a beleza rebelde resplandeça. Direcionada para um propósito maior, a beleza que está conectada à verdade interior transcende a vaidade. Ela sobrepuja a comparação, que rouba a alegria, torna-se uma oferenda única com a qual você vai beneficiar todos os seres. Se você recolheu seu esplendor, saia de seu refúgio. Como Amaterasu, você tem a responsabilidade de emanar sua resplandecência inerente.

Prepare-se, então, casando-se com a beleza – qualquer que seja a forma como você sinta o abraço invisível dela. Colha um buquê de flores, componha um *haiku*, vista seu vestido favorito e permita a sua própria glória tímida emergir. Ou pratique deixar um rastro de beleza por onde passar. Quando dá asas à sua grandiosidade, você encoraja outras pessoas a também compartilhar a delas. Quando fizer isso, lembre-se de que a atratividade não tem a ver com a sufocante ânsia pela perfeição sob qualquer forma. A arte japonesa do *kintsugi*, que significa "reparo com ouro", conserta rachaduras em cerâmicas preciosas com ouro em pó para mostrar que as imperfeições valorizam a beleza, em vez de arruiná-la. Receba esta carta como um conselho de não permitir que inibições envergonhadas impeçam você de espalhar sua luz.

ÁRTEMIS * INDOMADA

ÁRTEMIS * INDOMADA
SOMBRA: DOMESTICADA

Assim, o que é ser selvagem? O que é uma região selvagem?
Que são os sonhos senão uma região selvagem interior,
e o que é o desejo senão uma região selvagem da alma?

LOUISE ERDRICH

Quando Ártemis aparece em seu baralho, saiba que você está sendo perseguida pelo lado selvagem. Ártemis, a deusa grega das terras selvagens, dos animais silvestres, do parto e da lua, espelha sua essência indomada, trazendo à tona sua natureza instintiva e conectando você com seu âmago primordial. Siga suas pegadas livres de amarras. Recorde a energia bruta que tem vivido em você desde o começo e aprenda a reconhecer os elementos selvagens que se agitam dentro de si agora. Ártemis convida você a vislumbrar a si mesma meio nua em uma fonte de montanha. Contemple ali sua natureza primal refletida na beleza de seu cabelo emaranhado, as manchas sujas em sua face de guerreira da Terra.

Ártemis é uma carta de livre-arbítrio, sendo um sinal de que sua alma indomada anseia ser libertada da jaula da domesticação e poder explorar as regiões que bem entender. Livre do desejo de agradar ou de satisfazer, Ártemis escreveu sua própria história, moldando uma vida e um legado baseados em manter-se estritamente fiel a si mesma. Ele externou ao pai, Zeus, seus mais profundos desejos, e depois passou a escolher sua casa, sua vocação, suas companhias e suas vestes. Ela mostra a você como fazer uso da autoridade indômita que é necessária para se defender, dizer sua verdade, definir a feminilidade em seus próprios termos e dar à luz uma nova vida permeada de resoluta autenticidade. Quando você não tem certeza de como ser forte o bastante, corajosa o bastante, deixe que Ártemis guie você, descalça, de volta ao saber arraigado em sua integridade inata.

Como uma deusa virgem, Ártemis não pertence a ninguém além de si mesma e do mundo natural. A virgindade dela significa autodeterminação e limites robustos. Como caçadora feroz e independente, Ártemis empunha seu arco de prata e age com presteza para defender aquela que permanece intocada por estupro, escravização ou desrespeito. Ela estende sua proteção a você, criando um espaço sagrado onde você pode ressuscitar seu lado selvagem. Com realeza inata e vigorosa coragem, retorne ao lar com seu poder indomado – a força sem a qual você não consegue viver plena ou livremente.

BRÍGIDA * FOGUEIRA

BRÍGIDA * FOGUEIRA
SOMBRA: ESCURIDÃO

Faça desta fogueira santificada em meu peito um
útero pulsante, um istmo para qualquer lugar [...]

L. LAMAR WILSON

Proveniente dos míticos povos Túatha Dé Danann da Irlanda, a deusa gaélica Brígida alimenta as chamas da cura e das forjas do ferreiro, bem como a inspiração profética e poética: ela é o coração da sagrada fogueira. Nascida ao alvorecer e fiel ao significado de seu nome, "Aquela que se Eleva", Brígida não se ocultou quando a cristandade chegou à Irlanda, mas sobrevive nos costumes e na lenda, na figura de Santa Brígida de Kildare. Durante séculos, sacerdotisas e freiras cuidaram de sua chama eterna no antigo templo de Kildare. As chamas de Brígida ardem também dentro de você; tirar a carta dela é um chamado para que você se torne a sagrada guardiã de sua fogueira interior.

Depois de uma noite escura ou inverno sombrio, o fogo do nascer do sol e da primavera é uma bênção bem-vinda, oferecendo calidez e suscitando possibilidades. Tradicionalmente, Brígida tece sua magia no Imbolc, um festival do fogo celta que coincide com o despertar da terra no início da primavera e anuncia o despertar da nova vida. Ela, contudo, aparece quando sua presença for necessária, e convida você a evocá-la sempre que precisar reacender sua chama, sua luz interior. O "fogo na barriga" é um centro de energia, um caldeirão em ebulição, gerando vitalidade, força e paixão. Cuidado com a melancolia que pode se abater quando você abafa essas chamas, ao negar seus talentos e fervores. Erga-se e saia dos momentos de tristeza, diz Brígida, avivando as brasas de suas mais ardentes aspirações. Quando em dúvida, siga seu corpo, o sexto sentido daquilo que desperta seu entusiasmo.

Com o fogo de sua alma aceso, Brígida inicia você nos mistérios da fogueira luminosa. Aqui, você pode manter vigília por qualquer coisa – esperança, coragem, entusiasmo – que precise emergir das cinzas esquecidas. O elemento do fogo leva você a sentir a presença da chama eterna, a divindade interior que não pode ser extinta. Uma fogueira bem cuidada é um coração sagrado; um núcleo de brasas vermelho-vivas que inflama, de novo e de novo, a luz sempre viva de sua alma incandescente.

HATHOR * CELEBRAÇÃO

HATHOR * CELEBRAÇÃO
SOMBRA: TRISTEZA

> [...] o prazer que sentimos nos torna dignos de sentir, nossa felicidade, uma forma de gratidão, recusar a graça, uma blasfêmia mais grave que a ganância.
>
> BRIT WASHBURN

A deusa egípcia Hathor abrange a tríade de criadora, mantenedora e destruidora. Como uma Grande Deusa, ela era conhecida por ajudar as mulheres a terem filhos, os mortos a renascerem e o cosmos a ser fortalecido. Inicialmente, Hathor era uma divindade furiosa, voltada para a destruição e levada à fúria pela ingratidão humana. Ela demonstrava pouca misericórdia até que a deusa da cerveja entregou uma remessa particularmente forte da bebida. Hathor saiu da bebedeira imbuída de benevolência. Em sua manifestação mais suave, Hathor personifica a alegria, a música, o amor, a fertilidade, a dança e a celebração. Tirar esta carta é um lembrete de que a celebração não é algo passivo. Como uma das mais alegres portas de entrada para o templo do Amado, uma celebração genuína traz você de volta ao verdadeiro alinhamento.

Depois de sua farra transformadora, Hathor prometeu libertar as águas férteis do Nilo, mas primeiro ela exigiu a resposta humana mais apropriada: um festim em comemoração à vida. Uma antiga prece a Hathor menciona que seu festival anual revitalizava o coração. Aos celebrantes era pedido que citassem cinco coisas na vida das quais sentiriam falta se morressem naquele instante. Os lendários cinco presentes de Hathor, tais expressões de gratidão fomentavam o ideal egípcio de *ma'at* – harmonia e equilíbrio. Sem esse reconhecimento, a ingratidão se instalaria, tornando a alma vulnerável à tristeza, aos ciúmes e ao egoísmo.

Faça da celebração seu trabalho selvagem e sagrado, diz Hathor, uma declaração de gratidão por aquilo que lhe foi dado, uma saudação reverente aos benfeitores invisíveis, uma reivindicação extática das inúmeras formas de comungar com o divino. Quando achar que aquele não é um bom momento, ou que você não está a fim, tente recordar ao menos uma coisa que seja digna de celebração. Como a senhora do júbilo, Hathor agita seu chocalho para provocar a mudança e derrotar a inércia. Dança, música e alegria podem amenizar suas circunstâncias atuais e servem como consolo em meio às dificuldades. Ouça as claras instruções de Hathor que lhe dizem para transformar-se em um jubiloso instrumento de louvor, sua única prece: "obrigada".

INANNA * TOTALIDADE

INANNA * TOTALIDADE
SOMBRA: NEGAÇÃO

> Círculo ao redor de Deus [...]
> Eu tenho estado circulando há milhares de anos e ainda
> não sei: serei falcão, tempestade ou uma grande canção?
>
> RAINER MARIA RILKE

A deusa suméria Inanna reina suprema como Rainha do Céu e da Terra. Durante milhares de anos, seus adoradores ornamentaram suas estátuas com lápis-lazúli e louvaram-na em extasiado esplendor como "Admiração da Terra", "Luz do Mundo" e "Tempestade de Fortes Trovoadas". Como a Grande Deusa que personifica o poder cósmico de geração que se manifesta em tudo, de colheitas abundantes e enchentes devastadoras ao amor sexual e o brilho das estrelas, Inanna espelha sua própria Totalidade dinâmica. Dia e noite, vida e morte, donzela e sedutora – ela proclama que você é todas as coisas e convida-a para uma jornada para conhecer a si mesma.

A medicina de Inanna está em sua história, um relato corajoso no qual ela desce à escuridão para visitar sua irmã enlutada, Ereshkigal, Rainha do Submundo. Em seu caminho para o mundo inferior, Inanna é despojada das vestes e da coroa, do orgulho e do poder. Chegando nua e humilhada, ela é amaldiçoada e pendurada em um gancho. Depois de três dias, os deuses intervêm, enviando mensageiros alados que oferecem compaixão à Senhora da Morte e, em troca, Inanna é libertada e entregue a eles. Uma vez revivida, Inanna recupera as vestes e joias e seus poderes divinos. Ela retorna ao lar para completar esse ritual mítico de recuperação e renascimento.

Mergulhando sem temor no submundo, Inanna enfrenta terror, sacrifício e morte nas mãos de sua irmã, que pode ser vista como o eu sombra de Inanna. A história dela ensina que, para ocupar de forma plena sua Totalidade inerente, nenhum aspecto seu pode ser relegado à sombra. Quaisquer medos, sentimentos ou desejos que você rejeita como sendo indesejáveis vão para o inconsciente, onde podem despojar você de sua soberania e sabotar seus dons. Em vez disso, dispa-se dos adornos do ego e volte-se com compaixão para sua sombra. Olhe para aquela parte mais escura e clandestina de si para encontrar um aliado que pode contrastar, equilibrar e até mesmo expandir sua radiância. Vasta como o universo, você contém tanto o mistério quanto a majestade. Ressuscite-se na Totalidade, diz Inanna, sabendo que o verdadeiro poder aglutina-se ao redor da integração entre escuridão e luz.

IXCHEL * TECELAGEM

IXCHEL * TECELAGEM
SOMBRA: DESCONFIANÇA

Era minha vida – como todas as vidas, misteriosa
e irrevogável e sagrada. Tão próxima, tão
presente, tão minha. Como me senti livre,
deixando que seguisse seu rumo.

CHERYL STRAYED

Ixchel, a antiga deusa maia da lua, conhecida como parteira cósmica e tecelã do arco-íris, oferece a você sua proteção e sua orientação. Esses dois *métiers* – palavra francesa que significa tanto tear quanto ocupação – estão inextrincavelmente ligados. Para os antigos maias, tecer era uma metáfora tanto para o parto quanto para os processos criativos que ocorrem no Universo. Se tirou Ixchel, com frequência representada diante de um tear, saiba que ela veio para ajudar você a se conectar a uma ordem superior e fazer com que seus planos se realizem. Os textos maias descrevem o movimento do fuso de Ixchel como a força do moto contínuo no centro do Universo.

Ao assumir o manto de Ixchel, de que maneira o poder criativo do divino deseja chegar até você – sendo parido por você, vindo à luz com sua ajuda ou entretecido na urdidura e trama do espaço e do tempo? A metáfora do ato de tecer, com seus cruzamentos de fios verticais e horizontais, dá ao tecido da vida resistência e uma textura exuberante. A cada passagem da lançadeira, Ixchel lhe mostra como organizar o micro e o macro, cada ponto e o padrão, até que algum desenho extraordinário se torna aparente.

Ixchel diz que o tempo é o fio e o destino é o tecido. Assim como o ato de tecer, ajudar seus sonhos a virem à luz, envolve mergulhar em seu âmago e fazer emergir o conhecimento inato. O elemento essencial é estar plenamente presente, atenta a nuances, assim como às lágrimas e dádivas das dores do parto. Se você chegou a um impasse, examine de que maneira pode estar bloqueando algum desejo ou desenrolar natural. Você está duvidando da tecedura do momento correto, ou tensionando demais os fios da urdidura da ambição? Preste atenção às bordas do tecido: elas lhe dizem onde você se encontra. Se você não está avançando ou encontrou um obstáculo, permaneça serena na imobilidade – ela também é parte do plano maior. Como quando seguimos um fio através de um dos tecidos coloridos de Ixchel, deixe que a devoção à sua visão guie você sobre, sob e através da rica tapeçaria da jornada de sua alma.

KALI MA * AMOR FEROZ

KALI MA * AMOR FEROZ
SOMBRA: ILUSÃO

Filha, de onde tirou essa deusa?
Dentro dela, minha coragem e timbre, minha veemência.

CARMEN GIMÉNEZ SMITH

Kali Ma é uma força. Ela se veste para matar, com um colar feito de crânios e uma saia elaborada com braços decepados. Sua foice tem a determinação de destruir. E, no entanto, ela também exibe seios fartos, fontes de nutrição, e ergue uma das mãos para distribuir bênçãos. Essa deusa mãe hindu, que devora e ao mesmo tempo dá vida, invoca o amor feroz que atemoriza e transforma. Ela empunha a espada da compaixão, destruindo o ego, o medo e o apego, para que, ao final, você possa transcender o sofrimento e fundir-se com a Eterna Bem-aventurança.

Kali Ma ergue-se, ousada, como o Feminino Divino, nua em todo seu poder e potencial. Destemida e colérica, ela é especialmente propensa a invocar a fúria. A ira de Kali Ma é alimentada pelo amor e é dirigida contra os demônios que bloqueiam o caminho da iluminação. Seja você forçada até o limite em um relacionamento ou esteja indignada ante a injustiça no mundo, sua ira pode também servir como um catalisador para o crescimento espiritual. Como Kali Ma, solte o cabelo e sua paixão. Honre seu lado indomável; suas lágrimas e seus gritos são parte da dança selvagem de liberação de Kali Ma.

Kali Ma é ao mesmo tempo o útero e o túmulo. Sua pele negra – representando o vazio cósmico a partir do qual tudo é criado e ao qual tudo retornará – recorda-nos da lei universal de que a criação nasce da destruição: a vida não é possível sem a morte. Com incomensurável amor, Kali Ma instiga você a encarar a verdade da impermanência. Aproveite essa oportunidade de viver sua vida sem se reprimir, sabendo que tudo pode desaparecer em um piscar de olhos de uma deusa.

Kali Ma vem até você com amor feroz, desafiando-a a dançar sobre o cadáver daquilo que não serve mais. Algo maior irá emergir. Quais de seus padrões destrutivos podem ser aniquilados de modo que seu amor possa fluir ilimitado? Quais ilusões podem ser sacrificadas em nome da liberdade e verdade? Coloque sua confiança nas questões em si. Saiba disto: a sagrada determinação de seu próprio amor feroz abrirá o caminho diante de si.

KUAN YIN ∗ COMPAIXÃO

KUAN YIN * COMPAIXÃO
SOMBRA: CULPA

Ter compaixão começa e termina com ter compaixão pelas partes indesejáveis de nós mesmos, todas aquelas imperfeições para as quais não queremos sequer olhar.

PEMA CHÖDRÖN

Quando Kuan Yin, a deusa chinesa da misericórdia, aparece, é hora de suavizar seu coração. Conhecida como "Aquela que Ouve os Gritos do Mundo", Kuan Yin vem até você com uma mensagem simples, amar os outros como a si mesma. Diz a lenda que ela se transformou em deusa quando demonstrou compaixão por seu pai, que havia tentado assassiná-la. Kuan Yin não guardou ressentimentos e, mais tarde, quando o pai ficou doente, ela salvou a vida dele com a própria carne. Por sorte, Kuan Yin não exige que você chegue a esse ponto. Mas essa deusa de mil braços, sempre pronta para oferecer misericórdia, incentiva você a temperar suas reações com amor e buscar aliviar o sofrimento por meio de pequenos gestos de grande compaixão.

Em hebraico, a palavra para compaixão, *rachamim*, é o plural da palavra para "útero". Assim como o útero acolhe a vida com amor, amparo e respeito, também o dom da compaixão do Feminino Divino acolhe aqueles que necessitam oferecendo compreensão e aliviando a dor. Quem pode saber quais forças estão em ação no interior de outra pessoa? Qualquer um que você encontrar – seja parente, amigo ou inimigo – pode estar travando uma grande batalha interior. Todos merecem ser tratados com bondade, um bálsamo até mesmo para as feridas mais profundas. Contudo, e se não for a bondade amorosa o que surge, você é capaz de reagir devidamente ao que se apresenta? Evite punir-se por ser humana; o sentimento de culpa tira você do presente e compromete a expansão de seu coração. Kuan Yin ensina que amar e aceitar a si mesma é básico para estender aos outros a compaixão.

À medida que você aumenta o raio da compaixão, talvez experimente a fadiga empática. Transforme o *sentir* o sofrimento do mundo em uma generosidade renovável de espírito, por meio do *fazer* algo todo dia por alguma outra pessoa. Kuan Yin a recorda que você tem muitos braços e muitas maneiras de estender a mão. Quando ouvir seu coração, você ouvirá também os gritos do mundo – e saberá como responder.

LAKSHMI ∗ ABUNDÂNCIA

LAKSHMI * ABUNDÂNCIA
SOMBRA: ESCASSEZ

O tesouro que convido você a receber está em seu bolso neste exato momento, no bolso de seu coração.

GANGAJI

Lakshmi é a carta da generosidade, do karma e das dádivas, e indica que os anjos da fortuna pairam à sua volta, esperando para derramar suas bênçãos. Aceite-os, compartilhando livremente o que você já tem: é necessário esvaziar sua xícara para que ela seja enchida novamente. Lakshmi repousa sobre uma flor de lótus, o símbolo da transcendência. Suas quatro mãos representam os quatro objetivos da vida humana: vida correta, prazer, riqueza e libertação. A deusa hindu da abundância diz que, quando você segue seu *dharma* – seu propósito na vida –, a felicidade virá.

Faça reverência a Lakshmi, de cujas mãos derramam-se moedas de ouro, pois ela é uma deusa da prosperidade, tanto material quanto espiritual. De fato, ela encarna o portal em que o material se torna espiritual, o imanente se torna transcendente. Quando você tira essa carta, espere uma reavaliação de suas definições de lucro e ganho. Você os mede por meio de riqueza e posses, ou pelo despertar do transe de tais ilusões?

Lakshmi ensina que, embora você não precise de riquezas materiais para sentir-se rico, deve conscientemente escolher viver uma vida de generosidade. Se você culpa o mundo por negar-lhe seus tesouros, tente inverter esse pensamento. O que você está negando ao mundo? Por mais paradoxal que possa parecer, a verdadeira abundância somente vem para aqueles que esbanjam generosidade. Da mesma forma que a abundância nutre você, você está aqui para nutrir abundância.

Se você sofre de mentalidade de escassez – a crença de que você não é boa o bastante e nem tem o bastante –, é hora de valorizar seu patrimônio interior. Abundância é a constatação de que o quê você tem é suficiente. Em vez de ficar obcecada em atrair mais para si, pense sobre o que você pode oferecer com generosidade: atenção, apoio, boa vontade, amor. Não obstrua o fluxo da riqueza; transforme em seu objetivo dar mais do que recebe, e saiba que o que é seu virá até você. As bênçãos estão sempre fluindo, mas somente quem tem um coração amplo reconhece a devoção por trás das providenciais pétalas de Lakshmi.

OXUM * HARMONIA

OXUM * HARMONIA
SOMBRA: DISCÓRDIA

Apenas aprendendo a viver em harmonia com suas
contradições, você consegue manter tudo à tona.

AUDRE LORDE

Tirar Oxum, o orixá iorubá do amor, da negociação e da diplomacia, indica que a harmonia está por perto. Convide-a para reger a sinfonia de sua vida. Utilize o poder de Oxum para atenuar a tensão e criar acordes agradáveis. De que modo ela afina cada instrumento para que toque com os demais? O segredo da harmonia é que não existe música sem consonância e dissonância. Oxum diz que é possível que você tenha de harmonizar perspectivas divergentes, reunindo-as todas em um contexto de acordo e respeito mútuo.

Muito tempo atrás, dezessete deuses e uma deusa – Oxum – foram enviados para preparar a jovem e volátil Terra para os humanos. Os deuses se lançaram ao trabalho, mas excluíram Oxum, cujo poder da fertilidade está ligado aos rios. Eles logo perceberam que, sem Oxum, criar um ambiente harmonioso era impossível. Implorando pelo perdão de Oxum, deram a ela seus presentes mais preciosos, restaurando assim a relação geradora de vida entre o masculino e o feminino. Juntos arrumaram a Terra, e do útero de Oxum a vida jorrou, o fluxo suave de suas águas trazendo flexibilidade e vitalidade a um mundo antes estéril.

A sabedoria de Oxum ensina que a harmonia é dinâmica, englobando uma gama de vozes por meio de escalas afinadas com precisão, e ajustando-se a variações de tom, frequência e timbre. Esse equilíbrio não pode ser alcançado alterando a ordem das coisas conforme suas preferências. A verdadeira harmonia vem da sincronização de suas ações com uma ordem superior. Esteja atenta para maneiras pelas quais você pode unir, em vez de dividir; somar forças, em vez de dominar. Para criar mais harmonia em sua vida, rogue a Oxum para saber o que ela quer para você e de você.

Como matriarca divina, Oxum preside sobre todas as reuniões, para identificar quando um único interesse predomina semeando a discórdia, e quando o tom geral é de concordância. Se você sente uma cacofonia em suas relações, talvez precise abrir mão de alguma coisa em nome da coerência. Acredite que a recompensa de tal sacrifício é a oportunidade de elevar sua voz em uníssono com o coral do Universo.

NOSSA SENHORA DE GUADALUPE
* AMOR INCONDICIONAL

NOSSA SENHORA DE GUADALUPE
* AMOR INCONDICIONAL
SOMBRA: NÃO MERECIMENTO

Um coração generoso está sempre aberto, sempre pronto para receber nosso ires e vindas. No meio de tal amor, nunca precisamos temer o abandono. Este é o presente mais precioso que o amor verdadeiro nos oferece – a experiência de saber que sempre pertencemos.

bell hooks

Ao tirar a Virgem Maria como Nossa Senhora de Guadalupe, prepare-se para ser amparada pela Mãe Santíssima. Nesse terno abraço, quem abraça quem? Não há passado, não há história, não há deméritos – apenas a experiência do amor em si batendo à sua porta, sendo saudada pelo amor.

Nossa Senhora lhe pede para aceitar seu próprio coração de volta. E se o amor nunca tiver lhe faltado, e você apenas tiver se defendido dele? Quando essas muralhas ruem, pode surgir um amor incondicional por toda a criação, incluindo por seu eu perfeitamente imperfeito. O amor tudo inclui; nada é excluído.

Séculos atrás, Nossa Senhora de Guadalupe – uma potente fusão da Mãe Maria católica com Tonantzin, a Deusa Mãe asteca que é sua equivalente – apareceu para um homem indígena em Tepeyac – a colina sagrada onde Tonantzin havia sido cultuada, e que se localiza na cidade do México dos dias de hoje. Ela pediu que um templo fosse construído nesse local para que ela pudesse oferecer alívio a todos que buscassem sua ajuda. Ninguém está fora do alcance do amor, mas acreditar que você é indigno significa desconectar-se da fonte – o Mistério radiante que reside no centro de seu ser. Mesmo hoje, a Virgem de Guadalupe detém a promessa universal da intercessão maternal; ela é a força nutriz que ouve seus lamentos, seca suas lágrimas e cura seu coração partido.

Permita que Nossa Senhora desperte em você o anseio pela mãe e o chamado para retornar ao lar, a si mesma. Como fizeram todas as grandes mães antes dela, a Mãe Santíssima simboliza o elo entre o todo da existência e cada aspecto dela. Sempre que tiver dificuldade para viver esse amor, pode pedir a ajuda dela. Mas lembre-se, onde existe julgamento, a Santa Mãe não pode permanecer. Sob sua vigília estrelada – para além do certo e do errado –, nenhuma prece é recusada. Quando puder sentir a presença desse amor infinito, você saberá que retornou para o colo divino do qual veio.

PACHAMAMA * RECIPROCIDADE

PACHAMAMA * RECIPROCIDADE
SOMBRA: INDIFERENÇA

*Saber que você ama a Terra é transformador. [...]
Mas, quando você sente que a Terra devolve esse
amor, tal sentimento transforma a relação, de
uma via de mão única em um laço sagrado.*

ROBIN WALL KIMMERER

Por ser a Mãe Terra dos povos indígenas andinos, o corpo da Pachamama é também o seu corpo. Entre os habitantes da *pacha* (tempo-espaço) estão as rochas e as águas; o sol, a lua e as estrelas; e as plantas, os animais e a gente. Aqui, todos esses seres estão igualmente vivos, têm vontade própria e relacionam-se uns com os outros por meio do cuidado mútuo. A Pachamama generosamente entrega-nos de si mesma: calor e chuva, grãos e argila, árvores e oxigênio. Em troca, ela a exorta a retribuir com aquilo que você pode oferecer de único. Quando você decide que pertence ao mundo e à natureza tanto quanto a natureza pertence a você, pode se dar uma reaproximação permanente com o céu, o solo, a estação do ano e o espírito.

A Pachamama é uma carta que representa a reciprocidade, indicando que é a hora de retomar as sagradas relações com a Terra. No idioma apache, a palavra raiz *ni'* pode se referir tanto a "mente" quanto a "terra", um aceno à inseparabilidade entre o humano e o húmus. Ao alienar a Terra, encarando o corpo dela como algo distinto do seu próprio, você aliena sua mãe. Causar-lhe mal causa mal a todos. Para recuperar sua alma, você deve conhecer a terra sobre a qual caminha, conhecer as feridas que causa. Saber é sofrer – mas sofrer é amar.

Embora tudo comece aprendendo como agradecer à terra, a Pachamama também pede que você se comprometa a honrar a Terra por meio da ação engajada. Assumir de todo o coração essa responsabilidade confere a sua vida um significado profundo. A Pachamama recorda você a ampliar seu círculo de devoção. Faça-o em todas as direções possíveis. Permanecer indiferente, reduzir a Terra a um objeto inanimado pronto para ser explorado equivale a profanar seu próprio corpo. Tudo que você faz importa; todo mundo vive a jusante. Aquilo a que você se devota é o que se torna. Quem não gostaria de estar casado com a matriz da vida, em vez de estar divorciado dela? O verdadeiro segredo da Pachamama é este: todo florescer é mútuo.

A MULHER BEZERRO DO BÚFALO BRANCO
* INTEGRIDADE

A MULHER BEZERRO DO BÚFALO BRANCO
* INTEGRIDADE
SOMBRA: DESONRA

Cada gesto que vivo enquanto plenamente
desperta não tem como não ser tanto uma
oração quanto um ato de amor.

ORIAH MOUNTAIN DREAMER

Muitos invernos atrás, dois irmãos lakota[3] estavam caçando quando uma mulher misteriosa apareceu. Com más intenções, um dos irmãos se aproximou da mulher e foi destruído por seu abraço. O outro irmão, um

---

3. Membros do povo lakota, ou dacota, que habita as Grandes Planícies dos Estados Unidos. (N. da T.)

homem honesto, reconheceu a mulher como um ser divino e levou para seu povo a mensagem do aparecimento dela. Quando os lakota de forma calorosa receberam essa mulher santa, ela lhes entregou um embrulho contendo um cachimbo sagrado, com instruções sobre como usá-lo nos Sete Rituais Sagrados para unirem-se a toda a criação – a Terra, o Povo Planta, os Seres de Quatro Patas, os Alados – no percurso pelo Bom Caminho Vermelho, o caminho da integridade. Ao partir, a mulher transformou-se em um bezerro de búfalo branco, anunciando que, quando todas as formas de vida são reverenciadas, a abundância vem.

A Mulher Bezerro do Búfalo Branco é uma carta forte, que invoca a enorme responsabilidade que você adquire ao caminhar sobre a terra à maneira sagrada como se cada passo fosse uma prece. Como é possível manter uma reverência tão radical? Com intenções puras e ações dignas, você manifesta a lei fundamental do respeito e semeia um futuro de esperança. A Mulher Bezerro do Búfalo Branco pode muito bem estar em sua mão hoje como recompensa por um nobre propósito e atos dignos. Se, porém, ela chega em um momento difícil, reflita sobre onde foi que seu caminho se desintegrou. De que modo você pode estar servindo a interesses ocultos? A Mulher Bezerro do Búfalo Branco perdoa os erros e acolhe o perdão, mas ela ensina que você não consegue se desenvolver se a energia que coloca no mundo está fora de alinhamento.

Embora você talvez já intua o que a Mulher Bezerro do Búfalo Branco está lhe pedindo, saiba que forças inconscientes também estão em ação. Olhe para os lugares onde você sente a discórdia – os semelhantes se atraem. Seja mais honesta consigo mesma e faça uma reparação por qualquer deslize. Honre a si mesma ao honrar toda a existência. Quando você se orienta nesse eixo de integridade, o Bom Caminho Vermelho abre-se à sua frente. Sua vida se torna uma oferenda, não apenas para si própria, mas para todo o círculo da vida que você toca, que toca você e que a Terra herdará. Tenha o máximo cuidado com a maneira como caminha, com beleza atrás de si, beleza à sua frente, beleza a toda sua volta.

NOTAS

Um agradecimento sincero é feito aos seguintes poetas e autores, por suas palavras inspiradoras.

Página 7, "The Thunder, Perfect Mind", traduzido por George W. MacRae, em *The Nag Hammadi Library*, org. James M. Robinson (San Francisco, Califórnia: HarperCollins, 1990).

Página 17, Anne Baring, "A Definition of the Feminine", publicado em 2020, https://www.annebaring.com/a-definition-of-the-feminine/.

Página 22, Clarissa Pinkola Estés, *Women Who Run with the Wolves* (Nova York: Ballantine Books, 1992), p. 85.

Página 45, Kim Rosen, de "In Impossible Darkness", em *Saved by a Poem* (Carlsbad, Califórnia: Hay House, 2009), pp. 182-83. Usado com modificações, por gentil permissão da autora.

Página 49, Naomi Shihab Nye, de "Kindness", em *Words Under the Words: Selected Poems* (Portland, Oregon: The Eighth Mountain Press, 1994), p. 42. Usado com modificações, por gentil permissão da autora.

Página 53, William Wordsworth, de "Lines Written a Few Miles above Tintern Abbey", em *Lyrical Ballads and Other Poems, 1797-1800*, org. James Butler e Karen Green (Ithaca, Nova York: Cornell University Press, 1992), p. 188.

Página 57, Kara Jackson, de "Fleeing", em Poem-a-Day, 3 de agosto, 2020, Academia de Poetas Americanos, https://poets.org/poem/fleeing.

Página 61, Terry Tempest Williams, *When Women Were Birds* (Nova York: Picador, 2012), p. 225.

Página 65, Glennon Doyle, *Love Warrior* (Nova York: Flatiron Books, 2017).

Página 69, Wendell Berry, de "To Know the Dark", em *New Collected Poems* (Berkeley, Califórnia: Counterpoint, 2012). Reimpresso com permissão da The Permissions Company, LLC, em nome da Counterpoint Press.

Página 73, Starhawk, *The Spiral Dance* (Nova York: Harper & Row, 1979).

Página 77, citado em Agnes de Mille, *Martha: The Life and Work of Martha Graham – A Biography* (Nova York: Random House, 1991).

Página 81, Krishna Das, *Flow of Grace: Chanting the Hanuman Chalisa* (Boulder, Colorado: Sounds True, 2007), p. 49.

Página 85, Natalie Goldberg, *Long Quiet Highway: Waking Up in America* (Nova York: Open Road Media, 2011).

Página 89, Martín Prechtel, *Rescuing the Light: Quotes from the Oral Teaching of Martin Prechtel* (Berkeley, Califórnia: North Atlantic Books, 2021), p. 76.

Página 93, Clarissa Pinkola Estés, *Women Who Run with the Wolves* (Nova York: Ballantine Books, 1992), p. 6.

Página 99, Mirabai Starr, introdução a *The Interior Castle*, Santa Teresa de Ávila, traduzido por Mirabai Starr (Nova York: Riverhead Books, 2003).

Página 103, Joan Halifax, *The Fruitful Darkness* (Nova York, Grove Press, 1993), p. 27.

Página 107, Galway Kinnell, de "Saint Francis and the Sow", em *Mortal Acts, Mortal Words* (Boston, Massachusetts: Houghton Mifflin Company,

1980). Reimpresso com permissão de Mariner Books, selo editorial de HarperCollins Publishers.

Página 111, John Muir, *Our National Parks* (Nova York: Houghton, Mifflin and Company, 1901).

Página 115, Pierre Teilhard de Chardin, *The Phenomenon of Man* (Nova York: HarperCollins, 2008). [*O Fenômeno Humano*. São Paulo: Cultrix, 1988.]

Página 119, Marianne Williamson, *A Return to Love* (Nova York: Harper Collins, 1992), p. 29.

Página 123, Rumi, de "Each Note", em *The Essential Rumi*, traduzido por Coleman Barks com John Moyne (Nova York: HarperCollins, 1995), p. 102.

Página 127, Dilruba Ahmed, de "Phase One", em *Bring Now the Angels* (Pittsburgh, Pennsylvania: University of Pittsburgh Press, 2020), p. xi. Reimpresso com permissão da University of Pittsburgh Press.

Página 131, Nayyirah Waheed, *Salt* (publicação da autora, CreateSpace, 2013).

Página 135, Toko-pa Turner, *Belonging: Remembering Ourselves Home* (Salt Spring Island, Columbia Britânica: Her Own Room Press, 2017), p. 182.

Página 139, Francine Marie Tolf, de "Praise of Darkness", em *Rain, Lilies, Luck* (St. Cloud, Minnesota: North Star Press, 2010).

Página 143, Ada Limón, de "Sharks in the Rivers", em *Sharks in the Rivers* (Minneapolis, Minnesota: Milkweed Editions, 2010), p. 7. Reimpresso com permissão de Milkweed Press.

Página 147, Anne Baring, *The Dream of the Cosmos: A Quest for the Soul* (Londres, Inglaterra: Archive Publishing, 2019).

Página 153, Shantideva, *The Way of the Bodhisattva: Translation of the Bodhicharyāvatāra*, traduzido pelo Grupo de Tradução Padmakara (Boulder, Colorado: Shambhala Publications, 2006).

Página 157, Nisargadatta Maharaj, *I Am That*, traduzido por Maurice Frydmann (Durham, Carolina do Norte: The Acorn Press, 2012).

Página 161, Adrienne Maree Brown, *Pleasure Activism: The Politics of Feeling Good* (Chico, Califórnia: AK Press, 2019).

Página 165, J. Drew Lanham, de "Field Mark 1: Love for a Song", em *Sparrow Envy: Field Guide to Birds and Lesser Beasts* (Spartanburg, Carolina do Sul: Hub City Press, 2021). Reimpresso com permissão de Hub City Press.

Página 169, Pam Houston, *Deep Creek: Finding Hope in the High Country* (Nova York: W. W. Norton & Company, 2019).

Página 173, Tantra Tripura Rahasya, citações em Andrew Harvey e Anne Baring, *The Divine Feminine: Exploring the Feminine Face of God Around the World* (Miami, Florida: Conari Press, 1996), p. 161.

Página 177, Elizabeth Gilbert, *Big Magic: Creative Living Beyond Fear* (Nova York: Penguin Publishing Group, 2016).

Página 181, Alison Luterman, de "Invisible Work", em *The Largest Possible Life* (Cleveland, Ohio: Cleveland State University Poetry Center, 2001). Usado com modificações, com a gentil permissão da autora.

Página 185, Meister Eckhart, de "Sermon IV: True Hearing", em *Meister Eckhart's Sermons*, traduzido por Claud Field (Londres: H. R. Allenson, 1909).

Página 189, Hafiz, de "Venus Just Asked Me", em *The Subject Tonight Is Love: 60 Wild and Sweet Poems of Hafiz*, de Daniel Ladinsky (Nova York: Penguin Books, 2003), p. 18.

Página 193, Ocean Vuong, *On Earth We're Briefly Gorgeous: A Novel* (Nova York: Penguin Books, 2019).

Página 197, Andrea Gibson, de "Andrew", Tumblr, 2 de maio, 2012, https://ohandreagibson.tumblr.com/post/23503834663/andrew-when-i-was-a-kid-i-would-sometimes.

Página 201, Antonio Machado, de "[Traveler, your footprints]", em *There Is No Road* (Buffalo, Nova York: White Pine Press, 2003) (usado com modificações, por gentil permissão do autor).

Página 207, Mirabai, de "A Hundred Objects Close By", em *Love Poems from God: Twelve Sacred Voices from the East and West*, de Daniel Ladinsky (Nova York: Penguin Compass, 2002), p. 245. Usado com modificações, por gentil permissão do autor.

Página 211, Louise Erdrich, *The Blue Jay's Dance: A Birth Year* (Nova York: Harper Perennial, 2010).

Página 215, L. Lamar Wilson, de "Nursing", em Poem-a-Day, 11 de outubro, 2018, Academia de Poetas Americanos, https://poets.org/poem/nursing.

Página 219, Brit Washburn, de "Windfall", em *Notwithstanding* (Berkeley, Califórnia: Wet Cement Press, 2019) (usado com modificações, por gentil permissão da autora).

Página 223, Rainer Maria Rilke, de "Ich lebe mein Leben.../I live my life in widening", em *Rilke's Book of Hours: Love Poems to God*, traduzido por Anita Barrows e Joanna Macy (Nova York: Riverhead Books, 1996), p. 48. Reimpresso com permissão de Riverhead, selo editorial do Penguin Publishing Group, divisão da Penguin Random House, LLC.

Página 227, Cheryl Strayed, *Wild* (Nova York: Vintage Books, 2012).

Página 231, Carmen Giménez Smith, de "The Daughter", em *Milk & Filth* (Tucson, Arizona: University of Arizona Press, 2013), p. 42.

Página 235, Pema Chödrön, *When Things Fall Apart: Heart Advice for Difficult Times* (Boulder, Colorado: Shambhala Publications, 2016).

Página 239, Gangaji, *The Diamond in Your Pocket: Discovering Your True Radiance* (Boulder, Colorado: Sounds True, 2007).

Página 243, Audre Lorde, *Conversations with Audre Lorde*, org. Joan Wylie Hall (Jackson, Mississippi: University Press of Mississippi), 2004.

Página 247, bell hooks, *All About Love: New Visions* (Nova York: Harper Perennial, 2001).

Página 251, Robin Wall Kimmerer, *Braiding Sweetgrass* (Minneapolis, Minnesota: Milkweed Editions, 2015).

Página 255, Oriah Mountain Dreamer, *The Invitation* (San Francisco, Califórnia: HarperCollins, 1999).

LEITURAS ADICIONAIS

A seguir estão algumas das perenes inspirações e as fontes mais profundas para este oráculo. Nós as recomendamos como outras leituras, além dos livros e coletâneas de poesia citadas nas "Notas". Também incentivamos você a seguir qualquer curiosidade que reflita alguma conexão que sinta com determinada tradição espiritual ou cultura.

At the Root of This Longing: Reconciling a Spiritual Hunger and a Feminine Thirst, de Carol Lee Flinders.

Awakening Shakti: The Transformative Power of the Goddesses of Yoga, de Sally Kempton.

Black Elk Speaks, de John G. Neihardt e Nicholas Black Elk.

The Book of Longings, de Sue Monk Kidd.

The Book of Runes: The Handbook for the Use of an Ancient Oracle: The Viking Runes, de Ralph H. Blum.

Braiding Sweetgrass: Indigenous Wisdom, Scientific Knowledge, and the Teachings of Plants, de Robin Wall Kimmerer.

The Crone: Woman of Age, Wisdom, and Power, de Barbara G. Walker.

The Divine Feminine: Exploring the Feminine Face of God Around the World, de Andrew Harvey e Anne Baring.

Falling Out of Grace: Meditations on Loss, Healing and Wisdom, de Sobunfu E. Somé.

Goddesses in Everywoman: Powerful Archetypes in Women's Lives, de Jean Shinoda Bolen.

Grounded: A Fierce, Feminine Guide to Connection with the Soil and Healing from the Ground Up, de Erin Yu-Juin McMorrow, Ph.D.

If Women Rose Rooted: The Journey to Authenticity and Belonging, de Sharon Blackie.

Medicine Cards: The Discovery of Power Through the Ways of Animals, de Jamie Sams e David Carson.

The Once & Future Goddess: A Symbol for Our Time, de Elinor W. Gadon.

The Pearl Beyond Price: Integration of Personality into Being: An Object Relations Approach, de A. H. Almaas.

The Spell of the Sensuous, de David Abram.

The Toe Bone and the Tooth, de Martín Prechtel.

Twilight Goddess: Spiritual Feminism and Feminine Spirituality, de Thomas Cleary e Sartaz Aziz.

Untamed, de Glennon Doyle.

Whipping Girl: A Transsexual Woman on Sexism and the Scapegoating of Femininity, de Julia Serana.

Wild Mercy: Living the Fierce and Tender Wisdom of the Women Mystics, de Mirabai Starr.

Witch: Unleashed. Untamed. Unapologetic, de Lisa Lister.

Woman Who Glows in the Dark: A Curandera Reveals Traditional Aztec Secrets of Physical and Spiritual Health, de Elena Avila.

Women Who Run with the Wolves: Myths and Stories of the Wild Woman Archetype, de Clarissa Pinkola Estés.

AGRADECIMENTOS

Nossos especiais agradecimentos vão para as seguintes pessoas: Sara Bercholz, Juree Sondker, Audra Figgins, Kara Plikaitis e todo o pessoal da Shambhala Publications por seu irresistível convite para criar algo tão querido e tão necessário, e por ajudarem no parto deste projeto com consciência e discernimento. A todas nossas irmãs do Colorado e do Novo México, que representam de forma tão bela o sagrado feminino e que nunca deixam de inspirar. A Anni Daulter por remexer o caldeirão da magia do Corvo, Lindsay Heppner por sua iluminada sabedoria sobre os *Bodhisattvas*, Erin Kott por adicionar a urdidura e a trama a Ixchel, Tanya Kwan por um mergulho profundo no Golfinho e na Baleia, Caitlin Moore por suas enriquecedoras informações sobre a Metamorfa e todas as mulheres que serviram como modelo para as ilustrações, dando a sublime visão dessas cartas

Minha sincera gratidão a: meus professores, Tory Capron, Jovanna Desmarais, Joseph Lazenka, Lola Rae Long, Emerald North, Ben

Phelan, Martín Prechtel e Katharine e Makasha Roske, que me conduziram a um profundo relacionamento com o sagrado feminino por meio da terra e do anseio de minha própria alma. Meu círculo de anciãs: Jan Beurskens por compartilhar sua curiosidade contagiante, Carolyn Clark por sua jovial sabedoria, Laurie Dean por levar a fundo cada conversa e, especialmente, minha mãe, Karen Richards, por me ensinar a confiar em minha sabedoria interior. Meu pai, Don Richards, pela inabalável devoção às filhas. Minha irmã, Gwen Scherer, por suas costas fortes e coração aberto. Meu amado, Steve Dewart, por cuidar tenazmente do caldeirão de nossa sagrada união. Meus filhos, Haven, Afton e Story, por fazerem fluir o manancial de incomensurável amor que há dentro de mim. E Elizabeth e Jenny, por esta nova rodada de invocação do feminino em seu pleno resplendor.

NIKI DEWART

Meu reconhecimento eterno ao Leão de Lucknow, H. W. L. Poonjaji, pelo rugido sem fim. Grande gratidão vai para as seguintes pessoas: a Michael Regan pelas conexões matutinas, conversas provocadoras e o trabalho com sonhos que manteve o sagrado rigorosamente em minha mira. A minha mãe por morrer de forma tão corajosa, mapeando um caminho e tornando minha vida mais rica. A minha mãe bônus, Frederique Apffel Marglin, por ser uma grande depositária do feminino – histórica, antropológica e experimentalmente. A meu pai por me ajudar a fazer o que tive que fazer. Às irmãs e gurus Devon e Bhagirti, que garantiram que eu não saísse dos trilhos e fosse devorada pelo crocodilo do *samsara*. A minha irmã Jessica Marglin pelo generoso incentivo e reconhecimento. A meus filhos, Jordan e Oriah, que constantemente me recordam o que é mais importante. À minha amiga Eben por refletir minha própria abundante capacidade de amar e por me ajudar a ver que o tempo todo eu era adorável. E, finalmente, a Niki e Jenny, por me ensinarem que a colaboração é o feminino em ação.

Elizabeth Marglin

Eu honro minhas ancestrais e irmãs de alma, que me inspiram a dançar esta vida com beleza e verdade. Agradecimentos às amigas que posaram para mim e infundiram a luz do sagrado feminino nestas imagens. A Jaya, por adicionar plantas sagradas às tintas usadas nestas pinturas. Gratidão infinita à querida Elaine, minha musa no reino angelical, por sua presença constante em minha vida. A meus pais, por seu incentivo e amor incondicional. A meus filhos, Tulsi e Narayan Blue, por me manterem no momento presente e por me inspirarem a conduzir com meu coração. A meu amado Patrick, pelo amor e apoio ilimitados, e por invocar sua profunda devoção à Deusa enquanto explorávamos juntos estas imagens. E a Niki e Elizabeth, por nossa jornada juntas pelo Yoniverso!

Jenny Kostecki-Shaw